CHAQUE PIÈCE, 20 CENTIMES

UNE PIÈCE PAR SEMAINE.

66ᵉ Livraison.

MAGASIN THÉATRAL ILLUSTRÉ

A LA LIBRAIRIE THÉATRALE

BOULEVARD SAINT-MARTIN, 12.

LES RUES DE PARIS

MÉLODRAME POPULAIRE EN 6 ACTES ET 8 TABLEAUX,

PAR

MM. E. GRANGÉ, DELACOUR ET L. THIBOUST

REPRÉSENTÉ POUR LA PREMIÈRE FOIS, A PARIS, SUR LE THÉATRE DE L'AMBIGU-COMIQUE, LE 26 AOUT 1854.

DISTRIBUTION DE LA PIÈCE.

BOUGIVAL	MM. Laurent.	UN CONDUCTEUR	MM. Mercier.	MARGUERITE	Mmes Louise Sandre.
DUBREUIL	Machanette.	PREMIER VOLEUR	Louis.	Mme DE BEAUMESNIL	Mésanges.
PAUL	Ch. Lemaitre.	DEUXIÈME VOLEUR	Mercier.	LOUISETTE	Jeanne-Anaïs.
RÉGULUS	Adalbert.	PREMIER AGENT	Tahan.	LA MÈRE BOIREAU	Sylvain.
COQUEREL	Coquet.	DEUXIEME AGENT	Amédée.	UNE NOURRICE	Pazza.
MICHEL	Vollet.	UN COCHER	Riché.	UNE FEMME DE CHAMBRE	Louise.
TRICOCHE	Deprelle.	UN Md DE PROGRAMMES	Cordonnier.	UNE DEMOISELLE DE MAGASIN	Fanny.
POUSSARD	Riché.	UN MARCHAND DE CONTRE-MARQUES	Jules.	UN GAMIN	Legel.
UN MÉDECIN	Martin.	UN INSPECTEUR	Elot.	UNE MARCHANDE DE MARÉE	Clémentine.
DUMONT	Lavergne.	UN LIQUORISTE	Martin.		
UN CONTROLEUR	Eugène.				

Passants, Soldats, Maraîchers, etc.

Vu les traités internationaux relatifs à la propriété littéraire, on ne peut représenter, réimprimer ni traduire cette pièce à l'étranger, sans l'autorisation des Auteurs et Éditeur.

ACTE I.

Premier Tableau.

La rue Saint-Honoré. L'intérieur du bureau d'omnibus, sis au coin de la rue de Valois. Entrée au fond. Le bureau grillagé du contrôleur près de la porte à gauche. Banquettes pour les voyageurs de chaque côté. Pancartes, cartes d'annonces, montres contenant divers échantillons. Par la porte et le vitrage du fond, on aperçoit la rue Saint-Honoré.

SCÈNE PREMIÈRE.

LE CONTROLEUR, UN CRIEUR, Voyageurs des deux sexes, COQUEREL, puis TRICOCHE. — *Au lever du rideau, un omnibus dont on ne voit que l'extrémité, est arrêté devant le bureau. Le Contrôleur est sur la porte et appelle.*

LE CONTRÔLEUR. Les voyageurs pour le faubourg Saint-Germain !.... le Gros-Caillou !.... Grenelle !..

PLUSIEURS VOYAGEURS, *se levant.* Voilà !... voilà !...

LE CONTRÔLEUR. Numéro un.... deux....

trois... quatre... montez !... (*Au Conducteur.*) Votre feuille ?...

LE CONDUCTEUR. La voici.

LE CONTRÔLEUR. Bien. (*Il la poinçonne et la lui rend.*) En route ! (*L'omnibus part.*)*

LE CRIEUR, *passant au fond, dans la rue.* Demandez l'Indicateur parisien !... le guide de l'étranger dans Paris... le nom des rues anciennes et nouvelles... les théâtres... les monuments... demandez !

TRICOCHE, *entrant.* Faubourg Poissonnière ! une place ?

LE CONTRÔLEUR. Voilà !...

TRICOCHE. Le numéro cinq.. Ah ! diable ! .. Ça sera-t-il long ?

LE CONTRÔLEUR. Trois minutes, monsieur.

COQUEREL, *se levant.* Trois minutes !... toujours la même chanson !... voilà plus d'un quart d'heure que je pose.

TRICOCHE, *le regardant.* Eh mais ! c'est mon voisin, monsieur Coquerel !

COQUEREL. Monsieur Tricoche ! le confiseur de la rue des Lombards !..

TRICOCHE. Ma foi, vivent les omnibus pour se rencontrer ! Vous allez comme ça ?

COQUEREL. J'attends la voiture qui me descend juste devant mon magasin, rue Saint-Denis... Et ça va bien ?

TRICOCHE. Ça boulotte... ça boulotte !... (*Ils continuent à se parler bas. Entre la mère Boireau, costume de marchande de la Halle, accompagnée d'un grand garçon de huit à neuf ans.*)

LA MÈRE BOIREAU, *au Contrôleur.* Dites donc, mon petit, vous avez une correspondance pour les Batignolles ?

LE CONTRÔLEUR. Oui, madame.

LA MÈRE BOIREAU. Une place s'il vous plaît.

LE CONTRÔLEUR. Ce jeune homme ne va pas avec vous ?

LA MÈRE BOIREAU. Pardon, monsieur... Toto ne quitte jamais sa mère.

LE CONTRÔLEUR. Alors c'est deux places qu'il faut.

LA MÈRE BOIREAU. Deux places !.. comment deux places !.. un enfant de cet âge... je le tiendrai sur mes genoux.

LE CONTRÔLEUR. J'en suis fâché, mada... les enfants au dessus de quatre ans...

LA MÈRE BOIREAU. Mais il n'y a

y trois ans et demi... Pardine! si vous ne me croyez pas, vous n'avez qu'à demander à la Halle... tout le monde vous dira que le fils à la mère Boireau n'a que trois ans et demi...

(A l'enfant.) Mais parle-z-y donc, Toto!.. dis à monsieur que tu n'as que trois ans et demi.

TOTO. C'est pas vrai... j'ai neuf ans, na!..

(On rit. — La mère Boireau allonge une calotte à son fils, qui se met à pousser des cris.)

TOTO, *criant.* Ah! ah!..

LA MÈRE BOIREAU. Veux-tu te taire! *(Au Contrôleur.)* Allons, donnez-moi deux places, et que ça finisse!... *(A son fils.)* Veux-tu te taire!... Ah! brigand!... tu mourras sur l'échafaud!... *(Elle s'assied à côté de Toto tout en bougonnant.)*

LE CRIEUR, *en dehors.* L'indicateur parisien! demandez!...

TRICOCHE, *à Coquerel.* Et madame Coquerel est en bonne santé?

COQUEREL. Pas mal!... *(D'un air satisfait.)* La mère et l'enfant se portent bien.

TRICOCHE. Comment!... vous avez un rejeton?... depuis peu alors?...

COQUEREL. Depuis hier... à neuf heures trente-trois minutes, j'ai entendu son premier vagissement! *(Offrant du tabac à Tricoche.)* Ah! monsieur Tricoche, c'est une douce satisfaction pour un père que d'entendre les vagissements d'un fils...

TRICOCHE. Ah! c'est un garçon?

COQUEREL, *riant.* Parbleu! un gros garçon; il pèse quinze livres... et il est beau!... La sage-femme dit que c'est tout mon portrait.

TRICOCHE. Mes compliments sincères!... voilà un successeur tout trouvé pour votre fonds de lingerie.

COQUEREL. Ma femme a d'autres idées. Elle veut en faire un avocat... moi, je ne voudrais pas trop le lancer dans la politique.

TRICOCHE. Avez-vous un parrain?

COQUEREL. Oui... je l'ai d'un de mes correspondants de Lons-le-Saunier... qui vient à Paris pour toucher mon... fils sur les fonds..

TRICOCHE. A propos... pensez à moi pour les dragées.

COQUEREL. Comment donc! c'est trop juste! Je vous recommanderai au parrain, monsieur Ernest Bougival.

TRICOCHE. Ça me fera plaisir... Tiens...... voilà qu'il pleut!... *(Depuis quelques instants on voit passer au dehors des personnes avec des parapluies ou des mouchoirs sur leurs chapeaux.)*

LE CONTRÔLEUR, *appelant.* Rue Saint-Denis... Marais... la Bastille!...

COQUEREL. Ah! enfin!... Au revoir, monsieur Tricoche.

TRICOCHE. Au revoir, monsieur Coquerel... mes respects à madame... P... z aux dragées.

COQUEREL. C'est convenu. *(Ils se donnent une poignée de main.)*

LE CONTRÔLEUR. En voiture, messieurs, en voiture! *(Coquerel et quelques personnes sortent.)*

SCÈNE II.

VOYAGEURS, LE CONTRÔLEUR, TRICOCHE, *puis* DUBREUIL.

LE CRIEUR, *en dehors.* L'indicateur parisien! le nom des rues anciennes et nouvelles... théâtres, monuments, jardins publics! demandez!

DUBREUIL, *entrant.* Quel temps horrible! et pas un cabriolet sur la place! impossible d'aller à pied par cette pluie battante! *(Au contrôleur.)* Vous avez un omnibus pour le faubourg Saint-Germain?

LE CONTRÔLEUR. Les Dames réunies... oui, monsieur.

DUBREUIL. Tardera-t-il beaucoup?

LE CONTRÔLEUR. Dix minutes tout au plus.

DUBREUIL. C'est bien, donnez-moi un cachet. *(Il le prend. A lui-même en venant s'asseoir au premier plan.)* Dix minutes d'attente... quand je suis d'une impatience... la démarche que je fais ce matin va... être décider de mon sort. Enfin!... il le

faut, attendons!... *(Il s'assied. Entre Régulus, le chapeau sur l'oreille et le cigare à la bouche.)*

SCÈNE III.

LES MÊMES, RÉGULUS.

RÉGULUS. Plus que ça de bouillon!... excusez! Reminisons-nous dans ce bureau hospitalier.

LE CONTRÔLEUR. Monsieur, éteignez votre cigare; on ne fume pas ici.

RÉGULUS. Bah!... ça incommode la société?

LA MÈRE BOIREAU. Certainement!... ça fait tousser Toto.

RÉGULUS. De quoi, Toto!... votre chien?

LA MÈRE BOIREAU. Mon fils, monsieur!... malhonnête!

RÉGULUS. C'te chipie!... prenez donc garde d'incommoder le moutard à madame! *(Il ôte son cigare de sa bouche et aperçoit Dubreuil.)* Monsieur Dubreuil!

DUBREUIL, *à part.* Régulus!

LE CONTRÔLEUR, *appelant.* Les voyageurs pour Batignolles!

LA MÈRE BOIREAU, *se levant.* Ah! ça n'est pas malheureux!... Viens, Toto... viens!... ça sent ici une odeur de tabagie...

RÉGULUS, *la reconduisant.* Monsieur Toto.. j'ai bien l'honneur...

LA MÈRE BOIREAU. Monsieur, je vous défends de toucher mon fils!... *(Elle sort ainsi que quelques personnes, en lançant un regard furieux à Régulus.)*

LE CONTRÔLEUR. Faubourg Poissonnière!

TRICOCHE, *et quelques autres se levant.* Voici!... Voici!... *(Ils sortent. Il ne reste plus dans le bureau que Régulus et Dubreuil.)*

SCÈNE IV.

DUBREUIL, RÉGULUS. *(Un moment de silence.)*

RÉGULUS. Monsieur Dubreuil... j'ai bien l'honneur...

DUBREUIL, *avec hauteur.* Je vous ai déjà prié de ne pas me saluer...

RÉGULUS. Tiens! l'accueil est aimable.

DUBREUIL. Il me semble que vous deviez vous y attendre... après la manière dont nous nous sommes quittés.

RÉGULUS. Bah! vous pensez encore à cela... au bout de deux ans... vous avez la mémoire longue.

DUBREUIL. Et vous trop courte, à ce que je vois.

RÉGULUS. Parce qu'étant employé chez vous, j'ai subtilisé une légère somme de trois cents francs... à titre d'à compte sur ma pension de retraite... n'était-il pas une belle affaire pour un richard comme vous... pour un banquier... Vous m'avez fourré à la porte...

DUBREUIL. C'était le... je maudirai de mes droits... et si j'avais voulu...

RÉGULUS. Vous m'auriez conduit à la correctionnelle... peut-être plus loin... je ne dis pas le contraire...

DUBREUIL. Sachez-moi donc gré de mon indulgence...

RÉGULUS. Ah! votre indulgence!... vous avez bien eu... de... quelques petites fleurs...

DUBREUIL. Je ne sais ce que vous voulez dire...

RÉGULUS. Bah!... c'est trois sommes... qui avez la mémoire courte!... Enfin!... il est inutile de revenir là-dessus.

DUBREUIL. C'est mon avis.

RÉGULUS. J'ai changé, soit, mais après tout, monsieur Dubreuil, à tout péché miséricorde.

DUBREUIL. Oui, vous m'avez l'air de la mériter... Votre ton, vos manières annoncent un sincère repentir...

RÉGULUS. Mais...

DUBREUIL. Quelle existence menez-vous? Toujours dans les estaminets!...

RÉGULUS. C'est ce qui vous trompe, patron... je n'en fréquente plus qu'un... celui de la rue Jeannisson.

DUBREUIL. Rue Jeannisson? Il doit se trouver là une belle société.

RÉGULUS. Mais oui... tous rentiers... dans mon genre... des bons enfants très-philosophes... On boit une chope... on gobe une

pipe... histoire de passer le temps... Dame! quand on est sans emploi...

DUBREUIL, *se levant.* La faute en est à votre inconduite. Tenez, laissons là...

RÉGULUS. Voyons, monsieur Dubreuil... ne faisons pas le méchant; vous êtes bon enfant dans le fond. Parole sacrée, je suis changé, faites-en l'essai.

DUBREUIL. Moi!

RÉGULUS. Reprenez-moi chez vous.

DUBREUIL. C'est trop d'impudence!... vous que j'ai chassé comme un vol...

RÉGULUS. Eh!... parbleu... je ne vous demande pas la place du caissier... il est vrai de dire que vous ne me la donneriez pas... mais un petit emploi de voyageur... pour vous représenter dans nos départements... je renonce à la pipe et je me colle du chic.

DUBREUIL. Moi, vous employer... joli exemple à mettre sous les yeux de mon fils.

RÉGULUS, *souriant.* Ah! votre fils!... il va bien votre fils?

DUBREUIL. Je dois m'estimer heureux qu'il ne vous ait jamais vu... je ne veux pas l'exposer à faire la connaissance du monsieur Régulus.

RÉGULUS. Comme ça, vous me refusez?

DUBREUIL. Parfaitement.

RÉGULUS. Vous ne voulez rien faire pour moi?

DUBREUIL. Rien.

RÉGULUS. Monsieur Dubreuil!

DUBREUIL. Silence!... voilà du monde... je ne vous connais pas.

SCÈNE V.

LES MÊMES, VOYAGEURS, *entrant avec le contrôleur qui leur remet des cachets.*

LE CONTRÔLEUR. Faubourg du Roule, la Bastille, les Batignolles.

DUBREUIL, *consultant sa montre.* Et cet omnibus qui n'arrive pas!... *(Au Contrôleur.)* Est-ce qu'il n'y aurait pas près d'ici un commissionaire que je pourrais envoyer?

LE CONTRÔLEUR. Pardon, monsieur... au coin de la rue de Valois, Michel... un brave garçon *(allant à la porte.)* Justement, il est à sa place. *(Appelant.)* Michel!... Michel!...

MICHEL, *entrant.* Présent.... qu'est-ce que c'est?

LE CONTRÔLEUR. Tiens, mon garçon... monsieur a besoin de toi.

MICHEL. Voilà, bourgeois... qu'y a-t-il pour votre service? une lettre à porter?

DUBREUIL. Non... je désirerais avoir une voiture de place... voyez donc aux stations environnantes.

MICHEL. Un cabriolet milord?... connu!... j'y vole, mon bourgeois. *(Il sort.)*

LE CONTRÔLEUR, *à Régulus qui s'est remis à fumer.* Monsieur, je vous ai prié de jeter votre cigare... vous voyez bien qu'il y a des dames ici.

RÉGULUS. C'est bon, mon Dieu, c'est bon!... on va fumer à la porte... Il meurt aux belles! *(Il sort et se trouve avec Bougival qui entre précipitamment.)*

SCÈNE VI.

LES MÊMES, BOUGIVAL, *costume un peu province, portant linge très-éblouissant.*

BOUGIVAL, *bousculé par Régulus.* Oh! la la!... prenez donc garde... maladroit!... *(Contemplant son costume.)* Oh! les rues de Paris... Me voilà dans un joli état!... habillez-vous donc pour aller déjeuner en ville!... satanée voiture!... *(Regardant Dubreuil.)* Eh! mais, je ne me trompe pas!... Monsieur Dubreuil, mon banquier...

DUBREUIL. Pardon, monsieur, je n'ai pas l'honneur de...

BOUGIVAL. Regardez-moi bien... vous ne me reconnaissez pas? Ernest Bougival... de Lons-le-Saunier...

DUBREUIL. Ah, mille pardons... j'y suis... ce jeune homme récemment arrivé à Paris...

BOUGIVAL. Pour être parrain...

DUBREUIL. Et crédité chez moi.

BOUGIVAL. Oui... j'ai profité de cette circonstance pour voir Paris... avec ses curiosités... Le Louvre, le jardin des Plantes, l'Obélisque le macadam et mademoiselle Rachel... Ah ! la belle ville !... c'est dommage qu'il y ait des rues.

DUBREUIL, *riant.* Comment, vous voudriez une ville sans rues ?

BOUGIVAL. On y arrivera... avec les ballons omnibus... qui vous déposeront à votre fenêtre. Oh ! les rues ! Figurez-vous que j'ai un guignon, un sort, une fatalité, un je ne sais quoi qui me poursuit... je ne peux pas mettre les pieds dans une rue sans qu'il m'arrive quelque chose... Tantôt c'est un paillasson qu'un monsieur me secoue sur la tête... tantôt c'est un pot de fleurs qui m'arrive sur mon chapeau... en plein... Aujourd'hui, je m'habille pour aller déjeuner en ville... crac... une citadine jaune me macule mon pantalon blanc. Sur les trottoirs je me cogne ; sur le bitume j'enfonce, je m'incruste ; sur le macadam je m'éclabousse ; sur le pavé je glisse et je tombe !... Et le gouvernement ne dit rien !... au contraire, on les embellit, ces coquines de rues, on te vous les blanchit, on te vous les nettoie, on te vous les rajeunit... Un petit peu de plâtre par ici, un petit peu de plâtre par là... et pour récompense... (*montrant son pantalon couvert de crotte*) voilà ! (*changeant de ton.*) mais on ne dirigera donc jamais les ballons, nom d'un petit bonhomme !...

DUBREUIL. Oui, vous êtes victime de ce qui constitue les petits accidents, les petites misères de la rue. Les rues de Paris, mon cher monsieur Bougival, ce labyrinthe étrange et immense, ont toutes leur physionomie, leurs vices, leurs vertus, leurs cris, leurs voitures, leurs passants, leurs hôtes et leur soleil différents. Nous avons la rue somptueuse, aux balcons dorés ; la rue coquette, avec ses têtes de jolies femmes aux coins des rideaux de mousseline ; la rue pauvre qui vous demande l'aumône ; la rue assassine, qui, la nuit, vous demande votre bourse : les rues de Paris travaillent avec l'ouvrier, elles pensent avec le poëte, elles comptent avec l'homme d'affaires, elles chantent avec la grisette, elles s'épanouissent avec le luxe ou pleurent avec la misère. Tout ce monde va, vient, vole, se bat, s'embrasse. Les rues de Paris !! mais on deviendrait philosophe, rien qu'à les étudier ! Mais voilà le théâtre où se joue la comédie humaine ! Chacun a son rôle : douleurs, plaisirs, désespoirs, chansons, tout se coudoie dans les sentiers divers de cette Babylone bruyante ; tout a sa place sur le pavé des rues de Paris !

BOUGIVAL. Je ne vous dis pas, je ne vous dis pas... mais il y en a trop de rues... mais, voilà trois fois que je me perds. Tenez, avant-hier... avec l'intention d'aller à Montmartre, je suis arrivé rue Mouffetard ! J'avise une dame... qui avait une hotte sur le dos... et un crochet à la main.

DUBREUIL. Une chiffonnière.

BOUGIVAL. Ça devait être une chiffonnière... je m'approche et je lui dis : « Pour aller à Montmartre, s'il vous plaît ?... » Vous ne savez pas ce qu'elle m'a répondu ? Elle m'a dit : « Passez donc votre chemin, imbécile ! » Ah ! c'était un renseignement bien vague pour aller à Montmartre !...

LE CONTRÔLEUR, *à Bougival.* Où va monsieur ?

BOUGIVAL. Rue de Paradis.

LE CONTRÔLEUR, *lui donnant un cachet.* Voilà ! — Justement j'entends la voiture. (*Criant.*) Les personnes pour le Marais, la rue des Filles du Calvaire, la Bastille ! (*Quelques personnes se lèvent et sortent.*)

BOUGIVAL. Adieu, monsieur Dubreuil... permettez-moi, à titre de client, de cultiver votre connaissance.

DUBREUIL. Mais, comment donc !... Venez, cher monsieur, je vous présenterai à mon fils.

BOUGIVAL. C'est ça... je me lierai avec lui... Nous sommes très-liants à Lons-le-Saulnier...

LE CONTRÔLEUR, *appelant.* Le numéro sept !

BOUGIVAL. Voilà ! voilà ! (*Il sort vivement et se heurte contre Michel qui entre.*) Faites donc attention, commissionnaire !.. Oh ! les rues de Paris !

LE CONTRÔLEUR. Le numéro sept, donc !

BOUGIVAL. Me voilà ! (*Il disparaît.*)

SCÈNE VII.
DUBREUIL, VOYAGEURS, LE CONTRÔLEUR, MICHEL.

MICHEL, *à Dubreuil.* Mon bourgeois, j'ai fait toutes les stations... Pas une voiture.

DUBREUIL, *avec humeur.* Parbleu ! c'est toujours ainsi !... Quand il pleut, quand on a besoin d'eux, ils disparaissent.

MICHEL. N'oubliez pas la commission, mon bourgeois.

DUBREUIL. Ah ! c'est juste... Attendez, je vais vous payer. (*Il fouille à sa poche et cherche dans sa bourse.—Depuis quelques instants on a vu une jeune fille, un petit paquet sous le bras, passer en dehors, en regardant de tous côtés. Régulus, qui fumait sur la porte, la suit et disparaît avec elle. Au bout d'un moment, on la voit reparaître, toujours suivie par Régulus. Enfin, elle paraît prendre une résolution et entre dans le bureau.*)

SCÈNE VIII.
LES MÊMES, MARGUERITE, RÉGULUS.

RÉGULUS, *à Marguerite.* Répondez donc, jolie sauvage... si vous cherchez quelque chose...

MARGUERITE, *avec émotion.* Laissez-moi, monsieur... laissez-moi, de grâce.

LE CONTRÔLEUR. Que demande mademoiselle ?

MARGUERITE. Pardon, monsieur... je ne connais pas Paris... je cherche mon chemin... et...

RÉGULUS. Votre chemin ? mais on vous l'indiquera, la belle enfant !

MARGUERITE. Monsieur !

MICHEL, *la reconnaissant.* Mam'zelle Marguerite !

MARGUERITE, *le reconnaissant.* Michel !

RÉGULUS, *à part.* Ils se connaissent ! bigre !

MICHEL. Vous à Paris !... vous, mam'zelle... Eh ben, en v'là une bonne ! Et comment ? par quel hasard ?

MARGUERITE. Mon Dieu, mon bon Michel, je viens d'arriver, il y a une heure à peine, par la diligence de la rue du Bouloy... sans savoir mon chemin, étourdie par le bruit de ce grand Paris, où je viens pour la première fois, j'ai marché au hasard. Oh ! comme je suis heureuse de vous avoir rencontré, mon bon Michel, vous, un ami d'enfance, un enfant du même village !...

MICHEL. Comment donc, mam'zelle... mais mon bras, mon cœur, tout est à votre service... Mais, comment se fait-il que vous soyez à Paris ? que vous ayez quitté Saint-Séverin ?

MARGUERITE. C'est une triste histoire... J'ai perdu mon seul soutien, là-bas... le digne homme qui m'a élevée...

MICHEL. C'est-y, Dieu ! possible... le père ! le nis... (*Voyant Marguerite pleurer.*) Mort !

MARGUERITE. Oui, mort, mon bon Michel, mort subitement au retour des champs... la fatigue... la fièvre... En quelques heures tout a été fini... On a vendu sa chaumière... et je me suis trouvée seule... toute seule au monde... Alors j'ai pris quelques hardes... le peu d'argent que je possédais, et je suis partie... En quittant le village, je me suis agenouillée devant la croix même où est écrit le nom de mon protecteur... j'ai prié... j'ai bien prié... puis je me suis relevée, toujours triste, mais plus courageuse. J'ai envoyé un dernier baiser vers ce pays... où j'avais été si heureuse, et je me suis mise en route... Mais le bon Dieu est grand, Michel ; il donne à tous l'espérance et le courage ; il protége l'orpheline. Il l'a déjà protégée, puisqu'il vous place sur ma route, puisque la première main qui s'offre à moi, Michel, c'est la vôtre. (*Elle lui tend la sienne.*) C'est celle d'un ami.

MICHEL. Et quel est votre espoir, mam'zelle ?

MARGUERITE. De m'adresser à d'anciens amis de mon père adoptif... des ébénistes du faubourg Saint-Antoine. Ils pourront peut-être me trouver une place... ou me donner de l'occupation.

MICHEL. Faubourg Saint-Antoine ; mais c'est justement par là que je demeure... nous serons voisins... Ah ! que je suis donc aise de vous voir, mam'zelle... Et tenez, c'est peut-être une inspiration du ciel qui vous a conduite à Paris.

MARGUERITE. Que voulez-vous dire ?

MICHEL. N'est-ce pas à Paris que vous êtes née ? .. n'est-ce pas dans une rue de Paris que vous avez été abandonnée, et que le brave père Denis vous a recueillie ?... Eh bien !... qui sait... un jour, peut-être bien que vous y retrouverez...

MARGUERITE, *tristement.* Ma famille ?...

DUBREUIL, *que ces mots semblent frapper, à part.* Un enfant perdu !

MICHEL. Dame ! pourquoi pas ?... il y a gros à parier qu'elle habite Paris... Et comme vous le disiez, mam'zelle, le bon Dieu est grand.

MARGUERITE. Un père... une mère... Oh ! non ! mon ami, Dieu ne m'a pas créée pour tant de bonheur... Oh ! si vous saviez combien j'ai prié... combien j'ai pleuré... Et si Dieu, qui a vu mes larmes et qui a reçu mes prières, ne m'a pas exaucée... c'est qu'il ne l'a pas pu, croyez-le... Mes parents... ils sont morts sans doute.. ils ne m'auraient pas abandonnée sans ça... Une mère n'abandonne pas sa fille... (*Elle pleure.*)

MICHEL, *cherchant à la consoler.* Voyons, mam'zelle... calmez-vous...

MARGUERITE, *s'essuyant les yeux.* Oh ! je ne pleure pas, mon bon Michel... je suis résignée... Depuis quatorze ans ..

DUBREUIL, *à part.* Quatorze ans !

MARGUERITE. Un instant, j'ai eu comme une lueur d'espérance... Oui... un jour... il y a deux mois environ... un inconnu... un vieillard... est venu à Saint-Séverin. Il s'est entretenu avec le père Denis... Il lui a fait des questions sur moi ; mais il est reparti... et depuis ce temps nous ne l'avons pas revu... Hélas ! c'était encore une fausse joie... Ma famille... je ne la retrouverai jamais !... jamais je ne verrai le sourire, jamais je ne recevrai le baiser d'une mère...

MICHEL. Bah ! bah ! faut pas désespérer... Et comme ça, vous vous rendez ?...

MARGUERITE. Rue de Charonne... est-ce bien loin ?

MICHEL. Oh ! oui, très-loin ; mais j'y pense... il y a une voiture qui vous y conduira... pour six sous... ça n'est pas cher. Vous avez de l'argent ?

MARGUERITE. Oh ! oui, il me reste encore une petite somme... toute ma fortune...

MICHEL. Eh bien ! faut prendre l'omnibus... il vous descend à la Bastille... de là à la rue de Charonne il n'y a qu'un pas... et le premier passant vous indiquera le chemin. Tenez !.. prenez vite un cachet, mam'zelle. (*Au Contrôleur.*) Une place pour le faubourg Saint-Antoine. (*Il remonte avec Marguerite.*)

DUBREUIL, *qui réfléchit, à part.* Un enfant perdu !

RÉGULUS, *qui a écouté l'histoire de Marguerite.* Une orpheline... une innocente... Une orpheline... une innocente... seule à Paris et jolie comme un cœur ! Quelle trouvaille ! et la crâne conquête que ça ferait !...

MICHEL, *à Marguerite.* Tenez, mam'zelle, voici votre voiture.

MARGUERITE. Adieu, mon bon Michel.

MICHEL. Au revoir, mam'zelle ... Si vous aviez besoin de moi, n'oubliez pas que Michel vous est tout dévoué... et que vous me trouverez tous les jours là... au coin de la rue de Valois.

MARGUERITE. La rue de Valois... je ne l'oublierai pas.

SCÈNE IX.
LES MÊMES, BOUGIVAL.

BOUGIVAL, *furieux.* Nom d'un petit bonhomme ! ça n'était pas au Marais. (*Au Contrôleur.*) Vous m'avez fourré dedans... il y a deux rues de Paradis...

LE CONTRÔLEUR. Sans doute, monsieur, l'une au Marais... l'autre, faubourg Poissonnière.

BOUGIVAL. C'est l'autre que je demande...

LE CONTRÔLEUR. Dame!... monsieur, vous ne vous expliquez pas...

BOUGIVAL. Satanées rues de Paris!... encore un tour qu'elles me jouent!... (*Il prend un autre cachet.*)

UN CONDUCTEUR, *en dehors.* La Bastille!

MICHEL, *à Marguerite, en dehors.* Montez, mam'zelle.

RÉGULUS. J'ai de la monnaie... moi aussi, je monte.

DUBREUIL, *bas à Régulus.* Où vas-tu?

RÉGULUS. A Cythère, sans correspondance... La petite est charmante... et je l'apprivoiserai, ou j'y perdrai mon nom de Régulus.

LE CONDUCTEUR, *criant.* Faubourg Saint-Germain !

DUBREUIL. Ah ! enfin !

RÉGULUS, *disparaissant.* A la Bastille!

DUBREUIL. Et moi, rue de Varennes! (*Il sort.*)

LE CONDUCTEUR, *appelant.* Faubourg Poissonnière!

QUELQUES PERSONNES. Voilà!...

BOUGIVAL. Enfin ! j'y vais donc cette fois!... Dites donc, conducteur... j'ai le numéro neuf.

LE CONDUCTEUR. Complet!...

BOUGIVAL. Allons, bon ! encore une!... Ah ! ma foi, j'irai à pied !

LE CRIEUR, *en dehors.* Indicateur parisien!... le nom des rues anciennes et nouvelles ! Demandez !

BOUGIVAL. Voilà mon affaire!... (*Au crieur.*) Dites donc, l'homme, combien vos petits livres?

MICHEL, *reparaissant à la porte.* Bon voyage, mam'zelle... et à bientôt!

BOUGIVAL, *fourrant l'Indicateur dans sa poche.* Nom d'un petit bonhomme!... avec ça je suis sûr de ne pas me tromper !

LE CONTRÔLEUR. Et allez donc!... en route pour les quatre coins de Paris!!! (*Les deux omnibus arrêtés au fond s'éloignent. — De nouveaux voyageurs envahissent le bureau. — Tableau animé. — Le rideau tombe.*)

ACTE II.
Deuxième Tableau.
Rue de Varennes. Un salon chez Mme de Beaumesnil. Entrée principale au fond. Portes latérales.

SCENE PREMIERE.
Mme DE BEAUMESNIL, *assise sur un canapé;* SON MÉDECIN *assis près d'elle.*

Mme DE BEAUMESNIL. Vous croyez donc que je vivrai, docteur?

LE MÉDECIN, *gaîment.* Si vous vivrez ! mais certainement, madame... et jusqu'à cent ans!... La maladie a été grave... très-grave, même... mais, grâce au ciel, nous l'avons combattue. — Maintenant, des ménagements, du repos... et je réponds de vous...

Mme DE BEAUMESNIL. Oui, je vivrai... je dois vivre encore... Dieu qui est bon, qui est juste, me laissera sur terre pour goûter des jours heureux. — Hélas! j'ai tant souffert!... mon existence a été si cruellement éprouvée!... à peu d'intervalle, presque coup sur coup, trois terribles malheurs sont venus me frapper... ma sœur est morte dans mes bras, en donnant le jour à un fils... Mon mari, le général de Beaumesnil, le meilleur des hommes, a été tué en Afrique... et ma fille, ma chère Lucie...

LE MÉDECIN. Allons, allons, voilà de ces émotions que je vous défends... cela vous fait mal... irrite vos nerfs déjà souffrants... et retarde l'effet de mes soins. — Si vous voulez guérir, il faut écarter les idées noires... ne pas vous renfermer ainsi dans un passé douloureux. — Occupez-vous, voyez du monde, cherchez enfin à vous distraire — Sans quoi...

Mme DE BEAUMESNIL, *tressaillant et se levant tout à coup.* Ah !

LE MÉDECIN. Eh bien ! voyons, qu'y a-t-il encore ?

Mme DE BEAUMESNIL. Une voiture vient de s'arrêter à la porte de l'hôtel.

LE MÉDECIN. Et c'est cela qui vous met dans l'état où je vous vois?

Mme DE BEAUMESNIL. Ah ! docteur, si vous saviez, si vous pouviez deviner!...

LE MÉDECIN. Eh ! parbleu, je me doute bien que vous êtes sous le coup d'une forte préoccupation... votre pouls est plus fréquent, plus agité que d'habitude. — Vous attendez donc quelque importante nouvelle ?

Mme DE BEAUMESNIL. Oh! oui, bien importante! Mais tranquillisez-vous, c'est de la joie, du bonheur qu'on doit m'apporter.

LE MÉDECIN. Ah! du bonheur, de la joie, c'est différent !

Mme DE BEAUMESNIL. Mais on ne vient pas !... Mon Dieu, comme ils tardent !... (*Voyant entrer un domestique.*) Ah !...(*Au Domestique.*) Eh bien, Joseph ?

LE DOMESTIQUE. Le neveu de madame demande à lui présenter ses respects.

Mme DE BEAUMESNIL. Mon neveu?... (*Tristement.*) Ah! c'est mon neveu qui vient d'arriver?... (*Au Domestique.*) Eh bien, qu'il entre... (*Le Domestique sort.*)

LE MÉDECIN. Je vous laisse.

Mme DE BEAUMESNIL. Oui, plus tard... demain, revenez me voir, je vous dirai tout. — Adieu, adieu, docteur.

PAUL, *entrant et au Médecin qui va pour sortir.* Le docteur!... vous partez?... Comment va ma tante ?

LE MÉDECIN. Mieux... beaucoup mieux... (*Tendant la main à Paul.*) Au revoir, mon cher Paul.

PAUL. Allons! au revoir, docteur. (*Le Médecin sort.*)

SCENE II.
Mme DE BEAUMESNIL, PAUL.

Mme DE BEAUMESNIL, *à part, revenant s'asseoir, pendant que Paul dépose son chapeau sur un fauteuil.* Bientôt midi!... et il n'arrive pas!...

PAUL, *s'approchant.* Bonjour, chère tante. — Vous permettez ? (*Il l'embrasse.*)

Mme DE BEAUMESNIL. C'est toi, mon ami ?... qui t'amène?

PAUL. Mais une seule chose, chère tante... le désir de m'informer de votre santé.

Mme DE BEAUMESNIL. Ah !... je te remercie, Paul.

PAUL, *la regardant.* Le docteur avait raison... je vous trouve un excellent visage... vos bons yeux ont repris leur vivacité, leur éclat... Bravo! chère tante, bravo!... Ah ! Dieu, ai-je été inquiet, tourmenté pendant ces deux longs mois qu'a duré cette atroce maladie... vrai, j'avais perdu toute mon insouciance, toute ma gaieté... Ah ! c'est que je vous aime bien, allez !... — Comme j'aurais aimé ma pauvre mère, si elle eût vécu. — Mais qu'avez-vous donc? vous m'écoutez à peine. — Est-ce que j'arrive mal à propos? est-ce que je vous dérange ?

Mme DE BEAUMESNIL. Toi?

PAUL. Ah çà , ne vous gênez pas ! mettez-moi à la porte. — J'étais venu prendre de vos nouvelles, je vous ai vue, je vous ai embrassée... voilà tout ce que je voulais... et je n'ai plus rien à faire ici. — Adieu, ma tante. (*Il fait un pas pour sortir.*)

Mme DE BEAUMESNIL. Mais non, fou que tu es, je ne te renvoie pas. — Reste un moment avec moi... — Tu sais bien que je suis toujours heureuse de te voir. — Que fais-tu? à quoi passes-tu ton temps?

PAUL, *s'asseyant près d'elle.* Ma foi, à pas grand'chose de bon.

Mme DE BEAUMESNIL. J'entends, tu t'amuses. — C'est de ton âge.

PAUL. Eh bien , oui. — Pourtant, tenez, je me reproche parfois cette vie de plaisirs... cette existence futile, creuse, sans but, qui est celle de nos jeunes gens à la mode... Malgré ma légèreté, je me dis que tout homme doit avoir sa destination, son utilité dans le monde... et que, perdre ses jours dans la dissipation, c'est manquer à cette grande loi de la société qui est le travail... Mais que faire? On ne m'a pas donné d'état, de carrière... Mon père, sans cesse occupé de spéculations , ne s'est jamais occupé de moi... il ne m'a jamais aimé.

Mme DE BEAUMESNIL. Que dis-tu ?

PAUL. Non , non , il ne m'a jamais aimé... Je trouve chez lui l'argent nécessaire à mes besoins... à mes caprices mêmes; mais de l'affection , des conseils , jamais !... — Aussi, presque orphelin dans la vie, déshérité des joies de la famille, recherché-je celles du dehors. — J'étourdis ma tête, pour étourdir mon cœur... et , à défaut du bonheur, je cours après son ombre. (*Il se lève.*)

Mme DE BEAUMESNIL, *se levant aussi.* Pauvre enfant!... Mais , va, console-toi. — Ce bonheur, cette affection vraie auxquels tu aspires, tu les rencontreras un jour. — Ecoute tes nobles instincts, romps avec des plaisirs indignes de toi... et plus tard, bientôt, peut-être, je te ferai part de certains projets...

PAUL, *gaiement.* Ah ! ah ! est ce que, comme mon père, vous avez aussi quelque riche héritière à me proposer ?

Mme DE BEAUMESNIL, *vivement.* Comment!... ton père?...

PAUL. Eh ! oui, vraiment ! ne s'est-il pas mis en tête de me faire épouser mademoiselle de Nerval ?

Mme DE BEAUMESNIL. Mademoiselle de Nerval, cette jeune orpheline qui a, dit-on, un million de dot ?

PAUL. Précisément !

Mme DE BEAUMESNIL. Eh bien, toi , à cette offre, qu'as-tu répondu?

PAUL. Une chose toute simple : que je n'aimais pas cette demoiselle et que j'étais trop honnête homme pour l'épouser pour son argent.

Mme DE BEAUMESNIL. Bien, très-bien, mon ami.

PAUL. Si je me marie jamais, je veux que ce soit par amour, et...

UNE FEMME DE CHAMBRE, *entrant par la droite.* Madame...

Mme DE BEAUMONT. Que voulez-vous, Julie ?

LA FEMME DE CHAMBRE. Suivant les ordres de madame , j'ai préparé cette chambre ; j'y ai mis des fleurs... et si madame veut bien se donner la peine de jeter un coup d'œil...

Mme DE BEAUMESNIL. Oui, oui... certainement, je veux tout voir, tout examiner moi-même.

PAUL. Cette chambre?... Et pour qui donc?

Mme DE BEAUMESNIL. Demain, tu le sauras.

PAUL. Comment, chère tante, un secret ?

Mme DE BEAUMESNIL. Eh bien, oui, un secret que je n'ai encore confié à personne. Un secret que, comme une égoïste, je veux, pendant un jour encore, garder à moi seule dans mon cœur. — Adieu, Paul, — et vous, Julie, dès que Dumont sera de retour, qu'on vienne me prévenir.

LA FEMME DE CHAMBRE. Oui, madame.

Mme DE BEAUMESNIL. A demain, mon ami, à demain. (*Elle sort par la droite, la femme de chambre par le fond.*)

SCÈNE III.
PAUL, *puis* DUBREUIL.

PAUL, *seul.* Ce mystère, ces préparatifs... que signifie?... et quel peut être le secret que ma tante me cache ?...

DUBREUIL, *entrant par le fond et au domestique qui le suit.* Allez dire à votre maîtresse que monsieur Jacques Dubreuil désire avoir l'honneur de l'entretenir un instant. (*Le Domestique s'incline et entre à droite.*)

PAUL. Mon père!

DUBREUIL. Ah ! vous voilà, monsieur?... Il faut venir rue de Varennes pour vous rencontrer... Que devenez-vous donc?... Voilà trois jours que je ne vous ai vu.

PAUL. Mon père, je me suis présenté plusieurs fois chez vous, sans avoir le bonheur de vous trouver.

DUBREUIL. Ah! c'est que je me lève avant vous, moi! C'est que tandis que vous ne songez qu'à vos plaisirs, moi je m'occupe de mes affaires.

PAUL. Ne vous ai-je pas souvent proposé de vous aider? de partager avec vous le poids de...

DUBREUIL, *l'interrompant et avec ironie.* Oui,

vous feriez de belle besogne! d'ailleurs, ce n'est pas cela que je vous demande.

PAUL. Et quoi donc, mon père?... Qu'exigez-vous de moi?...

DUBREUIL. Ce que j'exige?... Que vous soyez plus soumis à mes volontés... plus soucieux de m'être agréable... Je vous avais prié de vous montrer empressé auprès de mademoiselle de Nerval... de fréquenter la maison de son tuteur... mais vous aimez mieux courtiser vos grisettes...

PAUL, *froidement*. En courtisant des grisettes, mon père, je ne commets pas de lâcheté... et c'en serait une que de feindre pour mademoiselle de Nerval un amour que je n'éprouve pas.

DUBREUIL. Sottises que tout cela!... il faut que ce mariage se fasse... il le faut.

PAUL. Pardon... il m'en coûte de vous contredire... mais il ne se fera pas.

DUBREUIL, *s'emportant*. Tu oserais me désobéir?...

PAUL. Oui, plutôt que de me rendre coupable d'une bassesse.

DUBREUIL, *avec colère*. Malheureux! (*Se calmant et baissant la voix.*) Et si je te disais que cette union est devenue nécessaire...

PAUL. Comment?...

DUBREUIL. Si c'était le seul moyen d'empêcher ma ruine?...

PAUL. Votre ruine!... Que dites-vous?

DUBREUIL. Dans six semaines mademoiselle de Nerval aura atteint sa majorité!... Dans six semaines, le conseil de famille, dont je suis le banquier, me demandera des comptes... il faudra restituer cette fortune qui m'a été confiée...

PAUL, *vivement*. Et cette fortune, vous l'avez, mon père?... Vous êtes en mesure de la lui rendre?

DUBREUIL, *avec un certain embarras*. Sans doute... sans doute... mais des spéculations hasardeuses... des sommes considérables perdues à la bourse... (*Mouvement de Paul.*) Que veux-tu?... je songeais à toi... à ton avenir... je voulais t'enrichir tout d'un coup. — Enfin, que te dirai-je? Consens à ce mariage, et la dot reste entre mes mains, et je relève mon crédit près de s'écrouler... Persiste dans ton refus, et je suis ruiné, anéanti, perdu!

PAUL, *après un mouvement*. Ainsi, la dot de mademoiselle de Nerval vous servirait d'enjeu pour refaire votre fortune?... Elle serait risquée... confiée aux chances du hasard? Pardonnez-moi de vous le dire; mais il y a dans ceci quelque chose de tortueux qui me répugne... qui m'épouvante! — Si vous succombez, je suis jeune, je travaillerai. — Mais épouser une jeune personne pour son argent; mais spéculer sur sa dot... Ah! mieux vaut cent fois la pauvreté, la misère... Oui, soyons pauvres, s'il le faut, mais restons dignes de nous-mêmes... Soyons pauvres, mon père, mais gardons la paix de notre conscience.

LE DOMESTIQUE, *rentrant par la droite*. Madame sera ici dans un instant.

DUBREUIL. C'est bien! (*Le Domestique sort par le fond.*) A Paul. Plus tard, nous reprendrons cet entretien... Vous verrai-je ce soir?

PAUL. Excusez-moi : ce soir, je ne suis pas libre...J'ai donné parole à quelques amis...et...

DUBREUIL. Il suffit... assez... laissez-moi.

PAUL. Adieu, mon père.

DUBREUIL. Adieu. (*Paul sort par le fond.*)

SCÈNE IV.

DUBREUIL, *seul, le regardant sortir, avec une espèce d'amertume.*

Ah! il a bien l'exagération, l'orgueil de sa mère!... (*Après un moment.*) La pauvreté!... mais ce n'est pas seulement la pauvreté qui m'atteindrait... ce serait le déshonneur... la flétrissure... Oh! tout plutôt que cela!... Que ma chère belle-sœur consente, comme c'est probable, à ce que je viens lui demander... et il faudra bien que Paul cède à mes instances... à la nécessité... car, si pour le décider, il faut lui révéler toute l'horreur de ma position, eh bien... (*Voyant s'ouvrir la porte de droite.*) Madame de Beaumesnil!

SCÈNE V.

DUBREUIL, Mme DE BEAUMESNIL.

Mme DE BEAUMESNIL. Pardon de vous avoir fait attendre. A quel heureux hasard suis-je redevable de votre visite?

DUBREUIL. Un diplomate, un gentilhomme de votre faubourg, vous répondrait qu'il ne vient que pour s'informer de votre chère santé... puis, il arriverait insensiblement au véritable but de sa démarche. Moi, je suis un bourgeois, un banquier... je ne fais pas de phrases... et je vous dis tout franchement : je suis venu pour vous parler d'affaires.

Mme DE BEAUMESNIL. Ah!

DUBREUIL. Veuillez me faire l'honneur de m'écouter... je serai aussi bref que possible.

Mme DE BEAUMESNIL, *s'asseyant*. Parlez!...

DUBREUIL, *après s'être assis*. Vous aimez votre neveu...

Mme DE BEAUMESNIL. En doutez-vous?

DUBREUIL. Non ; aussi, je n'interroge pas, je constate. Il est le fils d'une sœur que vous chérissiez... Depuis son enfance, vous l'avez remplacée près de lui... et plus d'une fois vous lui avez donné des preuves de tendresse.

Mme DE BEAUMESNIL. Eh bien?

DUBREUIL. Eh bien, chère dame, voici l'occasion de lui en donner une plus grande encore.

Mme DE BEAUMESNIL. Oh! si cela est en mon pouvoir, de tout mon cœur. De quoi s'agit-il?

DUBREUIL. Voici le fait : un parti magnifique et qui fixe à jamais sa position, son avenir, se présente pour lui.

Mme DE BEAUMESNIL. Voulez-vous parler de mademoiselle de Nerval?

DUBREUIL. Ah! vous savez?... il vous a dit?

Mme DE BEAUMESNIL. Que vous lui aviez proposé ce mariage... mais il a ajouté qu'il refusait.

DUBREUIL. Pur enfantillage, auquel il ne faut pas s'arrêter. Paul comprendra ses véritables intérêts et ne sera pas assez sot pour repousser la main d'une jeune fille charmante, avec un million dans cette main. Je réponds de son consentement. Seulement, le tuteur fait des conditions. Vous sentez bien qu'on ne lâche pas une pareille dot sans exiger quelque chose en échange. Or, moi, je ne puis rien donner, mon capital est dans les affaires, c'est comme si je n'avais rien. Il faudrait donc, pour que le mariage pût se conclure, que vous nous vinssiez en aide... et que, soit par un don, soit simplement par un acte qui assurerait à Paul votre bien après vous...

Mme DE BEAUMESNIL. Mon cher Dubreuil, ce que vous me demandez, ce qui, il y a deux mois encore, était mon intention, ma volonté, aujourd'hui n'est plus possible.

DUBREUIL. Comment?... et pourquoi?

Mme DE BEAUMESNIL. Parce que ma fortune n'est pas à moi, parce qu'elle appartient...

DUBREUIL. A qui donc?

Mme DE BEAUMESNIL. A ma fille.

DUBREUIL. Votre fille!... mais votre fille perdue tout enfant dans les rues de Paris, ne s'est jamais retrouvée. Si, depuis quatorze ans, nous ignorons son sort, si elle a échappé à toutes les recherches, c'est que sans doute elle est morte...

Mme DE BEAUMESNIL. Est-ce qu'une mère croit jamais à la mort de son enfant, tant qu'elle n'en a pas sous les yeux la preuve évidente, irrécusable?... vous m'avez crue résignée, vous avez pensé que j'avais renoncé à tout espoir, et chaque jour je priais Dieu de me rendre ma fille... et chaque jour, en secret, je la faisais chercher... Enfin, après quatorze années, le ciel a pris pitié de mes larmes. A force de démarches, à force d'or et de promesses, je suis parvenue à découvrir un indice.

DUBREUIL. Un indice?

Mme DE BEAUMESNIL. A la mairie d'un pauvre village, à vingt lieues d'ici, on a trouvé une déclaration, faite par un paysan, un honnête cultivateur, d'une petite fille égarée dans Paris et recueillie par lui. L'âge, le signalement, la date, tout était conforme, tout se rapportait à ma fille. Trop souffrante, trop faible déjà pour faire ce voyage, aussitôt j'ai fait partir Dumont, mon homme de confiance. Arrivé à ce village, il s'est transporté chez le paysan, le brave et digne homme qui avait servi de père à la pauvre enfant perdue... puis, après avoir obtenu de lui de plus amples renseignements... après avoir acquis la presque certitude que nos soupçons ne nous trompaient pas... il est revenu en toute hâte pour me faire part de cette bonne nouvelle... mais en son absence le mal avait fait des progrès rapides... alors, j'étais au lit, avec le délire, en danger de mort... Il a fallu, pour m'instruire, attendre mon rétablissement. Enfin, hier, Dumont est reparti, avec mission de me ramener ma fille... C'est aujourd'hui que je l'attends... aujourd'hui que je vais la voir... la couvrir de mes baisers et oublier dans ses bras tous les maux que j'ai soufferts.

DUBREUIL, *à part*. Ainsi, tout ce que j'ai fait autrefois pour m'assurer cet héritage deviendrait inutile!... Oh! non, non, cela ne sera pas!... mais que faire? (*Haut.*) Allons, quoique mon fils perde, à ce retour, l'espoir d'une riche alliance... je suis trop bon parent, pour ne pas me réjouir de cet événement, et vous adresser mes sincères félicitations.

Mme DE BEAUMESNIL. Écoutez!... ce bruit... Oh! cette fois je ne me trompe pas... c'est une chaise de poste qui entre à l'hôtel...

LA FEMME DE CHAMBRE, *entrant par le fond*. Madame!... madame!... voici M. Dumont.

Mme DE BEAUMESNIL. C'est lui!... avec ma fille!... Ah! ma tête se perd... mon cœur se brise!... il me semble que je vais devenir folle de bonheur et de joie... (*Voyant entrer Dumont pâle et abattu.*) Seul!... vous êtes seul?... Mais elle?... ma fille?...

SCÈNE VI.

LES MÊMES, DUMONT.

DUMONT. Ah! madame!...

Mme DE BEAUMESNIL. Parlez!... parlez!... expliquez-vous!...

DUMONT. Je suis arrivé trop tard.

Mme DE BEAUMESNIL. Grand Dieu!

DUBREUIL, *à part, avec joie*. Que dit-il?

DUMONT. Lorsque je me suis présenté à sa demeure, depuis quelques heures votre fille avait quitté Saint-Séverin.

DUBREUIL, *à part, et frappé*. Saint-Séverin!

DUMONT. Elle avait pris la diligence pour se rendre à Paris.

Mme DE BEAUMESNIL. A Paris!

DUBREUIL, *à part*. Qu'entends-je!... cette jeune fille que j'ai vue ce matin... ce serait?...

Mme DE BEAUMESNIL. Ah! Dieu me guidera!... je la retrouverai pour la protéger... pour la sauver!...

DUBREUIL, *à part*. Et moi, je la retrouverai pour la perdre...

Troisième Tableau.

Rue Richelieu. — Le théâtre représente la bifurcation formée par les rues Richelieu et Jeannisson. — A gauche, le café Minerve, le commencement de la rue Montpensier et les arcades du Théâtre-Français. A droite, l'entrée du passage Saint-Guillaume. Il est entre dix et onze heures du soir. La majeure partie des boutiques est fermée. — Le gaz seul éclaire la rue.

SCÈNE PREMIÈRE.

FOULE, MARCHANDS DE CONTREMARQUES, LOUISETTE, TRICOCHE, UN COCHER, *puis* BOUGIVAL. (*Au lever du rideau, une citadine dont on a dételé le cheval, est renversée sur le flanc; la foule l'entoure.*)

TRICOCHE, *cherchant à percer la foule pour voir ce qui se passe.* — A Louisette. Qu'est-ce qu'il y a? que regarde-t-on?

LOUISETTE. Eh bien... c'est une citadine qu'a versé...

TRICOCHE. Une roue qui s'est brisée...

LOUISETTE. Non... Conseillons de l'Odéon qui l'a accroché... même que le cocher est à faire sa déclaration chez le commissaire de police de la rue Saint-Nicaise.

TRICOCHE. Il a bien fait.

LE COCHER, *arrivant par le fond.* Ah! le gredin!... Heureusement que j'ai pris son numéro... Mon cheval est dételé... Un coup de main, vous autres!

TRICOCHE. Dites donc, cocher, est-ce qu'il n'y a personne dans votre voiture?

LE COCHER. Mais si... j'étais chargé...

TRICOCHE. Eh bien! est-ce qu'il est évanoui?

UN GAMIN. Est-ce qu'il est mort!

LE COCHER. Sortez donc, monsieur!

LA FOULE. Sortez par la portière!...

LE GAMIN. Il sortira!

LES AUTRES. Il ne sortira pas!...

LE COCHER. Sortez donc, mon petit bourgeois, sortez donc!

LE GAMIN. Faut-y vous ouvrir la portière?...

BOUGIVAL, *se décidant à passer la tête par la portière.* Ah! la vilaine voiture!... la vilaine voiture!...

LE GAMIN. Oh! c'te tête!...

LE COCHER. On va vous aider.... ohé!... hisse!... (*On aide Bougival à sortir de la voiture. Il descend dans la rue.*)

BOUGIVAL. Tiens!... je ne suis pas mort... heureusement que je suis tombé sur le nez... C'est le nez qui a porté... Oh! les satanées rues de Paris! toujours des accidents!

LOUISETTE. Est-ce que vous avez quelque chose de cassé?

BOUGIVAL. Le verre de ma montre seulement...

LOUISETTE. Faut-il aller chercher un *chirurgien*?

LE GAMIN. Eh! non!... n' faut qu'un chaudronnier... pour raccommoder la bassinoire à monsieur.

BOUGIVAL. Allons... bon... j'ai aussi cassé ma bretelle!... (*Il la retire.*)

LE COCHER. Mon bourgeois, voulez-vous payer la course?

BOUGIVAL. Payer la course, par exemple!... quand vous m'avez versé...

LE COCHER. A la porte de l'endroit où vous aviez affaire... Vous m'avez dit de vous mener au Théâtre Français... vous y êtes... voyons... payez!

LA FOULE. Certainement, payez!

BOUGIVAL, *effrayé.* C'est bon... je paie... (*Il paie.*)

LE COCHER. Il n'y a rien pour boire?

BOUGIVAL. Pour boire!... Tenez, voilà ma bretelle.. (*On rit, le Cocher s'éloigne avec hu-meur.*) Ah! un instant! votre numéro?

LE COCHER. Treize cent treize...

BOUGIVAL. Bon! C'est pour ne jamais reprendre votre voiture... Deux treize!... ça devait me porter malheur... (*Le cocher aidé par des hommes de la foule relève sa voiture. Pendant ce temps-là, Louisette, les Marchands de journaux, les Marchands de contremarques entourent Bougival.*)

LOUISETTE. Achetez-moi des oranges, monsieur!... de la Valence!

UN MARCHAND DE JOURNAUX. Votre programme!... Trois sous, au lieu de cinq sous dans la salle, les noms et rôles des acteurs.

UN MARCHAND DE CONTREMARQUES. Une stalle pour le Théâtre Français, mon bourgeois, vous paierez une fois place... trois actes à jouer... *Monsieur de Pourceaugnac* va commencer.

BOUGIVAL. *Monsieur de Pourceaugnac!...* Mademoiselle Rachel joue-t-elle là dedans?...

LE MARCHAND. Oui, monsieur.

BOUGIVAL. Enfin! je vais donc voir cette femme qui a remplacé Talma... Combien?

LE MARCHAND. Deux francs!

BOUGIVAL. Tenez! voilà quarante sous... (*A lui-même.*) Ce soir, mademoiselle Rachel dans *Pourceaugnac* et demain on me fait visiter l'intérieur de l'omnibus... (*Il entre au Théâtre Français, après avoir relu le programme.*)

SCÈNE II.

LES MÊMES, *excepté* BOUGIVAL, *puis* MICHEL.

TRICOCHE, *revenant à Louisette.* Combien vos oranges, marchande?

LOUISETTE. Six sous!... de la belle Valence!

TRICOCHE. Oh! six sous!...

LOUISETTE. Pesez-moi ça!

LE MARCHAND DE PROGRAMMES, *qui a rendu un journal à Bougival.* Enfoncé le jobard!... un programme de la semaine dernière...

LE MARCHAND DE CONTREMARQUES. Et moi, un amphithéâtre que je lui ai glissé en forme d'orchestre... et la pièce va finir... Je vais me coucher... (*Il sort.*)

LOUISETTE, *à l'acheteur qui lui donne de l'argent.* Merci, monsieur!... (*Le Monsieur s'éloigne.*) Tiens! ça ne va pas trop mal ce soir... je pourrai rentrer de bonne heure!...

MICHEL, *entrant et lui pinçant la taille.* Bonsoir, Louisette!

LOUISETTE. Ah! vous v'là enfin!... c'est pas malheureux!

MICHEL. Il n'est que onze heures, mam'zelle Louisette... et puis, j'ai eu de la besogne... la journée a été joliment bonne, allez!... (*Faisant sonner son argent.*) En v'là des médailles!

LOUISETTE. Eh bien!... et la soirée donc... (*Lui montrant son écritoire.*) Tenez... plus que deux oranges...

MICHEL. Quand je dis que la journée a été bonne, c'est surtout pour moi... vu que j'ai retrouvé quelqu'un du pays, une brave et digne jeunesse avec qui que j'ai grandi, et ça m'a remué le cœur du lui serrer la main.

LOUISETTE, *pleurant.* Une jeunesse... une femme... v'là que vous n'all z plus m'aimer à c't'heure!... (*Elle tire un mouchoir.*)

MICHEL. Moi... Allons donc! c'est de la bonne amitié... et v'là tout... pour mam'zelle Marguerite je me jetterais à l'eau... mais pour vous, Louisette, je me jetterais dans le feu.

LOUISETTE. Bien vrai?

MICHEL. Allumez-en!... vous verrez!... Allons, voulez-vous bien me renfoncer ces grosses larmes-là!... travaillons quelque temps encore... et quand nous aurons le petit magot de rigueur, en avant chez monsieur le maire... repas de cinquante couverts pour les amis, assaisonné de chansons, de veau froid et de vin à quinze... rien que ça de pichenet!... Ah! v'là que vous ne pleurez plus... vous riez à c'te heure!... et allez donc!... J'suis un bon garçon... vous êtes une bonne fille... à nous deux, nous tâcherons de faire une bonne femme et un bon mari... avec ça que j'adore les mioches... Il m'en faut d'abord!

LOUISETTE. Nous nous établirons.

MICHEL. Un peu... monsieur et madame Michel, fruitiers... Comme ça sonne!... Mais faut travailler pour ça.

LOUISETTE. Faut joliment en vendre de c'te Valence!

MICHEL. Et en faire de ces commissions!...

LOUISETTE. Dites donc... vous allez m'attendre un brin... vous me reconduirez.

MICHEL. C'est que j'ai un ami à aller voir... un pays qui part demain... oh! mais... c'est à deux pas... le temps de lui serrer la main...

LOUISETTE. Eh ben, allez, vous me prendrez au retour... mais ne vous attardez pas... ou je rentre toute seule.

MICHEL. Ne craignez rien! j'vas me dépêcher! (*Il sort par la gauche.*)

LOUISETTE. Ce bon Michel!... (*A Dubreuil qui entre.*) Mes deux dernières... Allons, monsieur, achetez-moi mes deux dernières... (*Dubreuil fait un mouvement d'impatience. — Elle s'éloigne par la droite.*)

SCÈNE III.

DUBREUIL, *puis* RÉGULUS.

DUBREUIL, *seul.* C'est bien l'estaminet de la rue Jeannisson que Régulus m'a nommé ce matin... Je viens de l'envoyer prévenir... (*Marchant avec agitation.*) Vivante!... l'enfant de madame de Beaumesnil, vivante!... Obstacle terrible!... hasard maudit!... Oh! je lutterai contre ma ruine.. ma volonté brisera l'obstacle... ma volonté saura déjouer le hasard... Mais Régulus ne viendra donc pas...

RÉGULUS, *entrant en chantant.*
Hélas! elle a fui comme une ombre,
En me disant...

(*A lui-même.*) Un monsieur bien couvert, qui veut me parler.. Qui ça peut-il être?... (*Agitant sa canne.*) Si c'est un créancier, ce bambou aura la parole.

DUBREUIL, *s'approchant.* Ne crains rien, c'est moi.

RÉGULUS. Monsieur Dubreuil... Ah! bah!

DUBREUIL. Oui, je voulais te voir... te parler... Ce matin, quand je t'ai rencontré dans le bureau d'omnibus, je t'ai mal reçu... j'ai été dur... brutal... j'en ai été fâché ensuite... j'avais une grave préoccupation... Aussi, je tenais à te revoir pour te dire : Excuse-moi et oublions tout!

RÉGULUS. Tiens, tiens, tiens... comme vous voilà radouci..... Vous me dorlotez... vous avez besoin de moi.

DUBREUIL. C'est vrai!

RÉGULUS, *prenant à son tour l'air un peu insolent.* Voyons... de quoi est-il question? en quoi puis-je vous être utile?

DUBREUIL. Quand nous nous sommes quittés, tu es monté dans l'omnibus de la Bastille, à la suite d'une jeune fille.

RÉGULUS. Oui, une petite paysanne, une nouvelle débarquée...

DUBREUIL, *vivement.* Eh bien!... cette jeune fille.. qu'en as-tu fait? qu'est-elle devenue?

RÉGULUS. Ça me ferait plaisir, si vous pouviez me l'apprendre.

DUBREUIL. Comment, tu l'as laissé échapper?... maladroit!...

RÉGULUS. Ah bon!... avec ça que c'était facile de la retenir... Une chipie... une bégueule, à qui j'offre mon cœur, ma fortune et un dîner chez le père Fromage... toutes les délices de la vie, quoi! et qui a la bêtise de faire la sucrée... Je veux lui prendre le bras, elle se met à pleurer, à crier... Voilà la foule qui s'amasse... ma foi, je ne me souciais pas de faire un esclandre... Ah! si ça avait été le soir... elle n'en aurait pas été quitte à si bon compte...

DUBREUIL. Malédiction! elle m'échappe!

RÉGULUS. Ça vous contrarie que je l'aie lâchée?...

DUBREUIL. Écoute!... Cette jeune fille... il faut que tu la cherches... que tu la retrouves...

RÉGULUS. Tiens! quel intérêt avez-vous donc?... Est-ce qu'elle vous aurait donné dans l'œil?

DUBREUIL. A moi?... quelle folie!... (*D'un ton calme.*) Je veux la retrouver... voilà tout!... le reste....

RÉGULUS. Le reste?...

DUBREUIL. C'est mon secret.

RÉGULUS. Au fait, ça m'est égal... mais si je déniche l'oiseau, et que je vous le rapporte, y aura-t-il une récompense... honnête?

DUBREUIL. Sans doute.

RÉGULUS. J'ai comme ça de petites dettes; je dois quelques ports de lettres à ma portière... Irez-vous bien jusqu'au billet de cinq?

DUBREUIL. J'irai jusqu'à mille.

RÉGULUS. Un gros de la Banque de France! A ce prix-là, je retrouverais un noyau de cerise dans la forêt de Sénart.

DUBREUIL. Dès demain, commence tes recherches... Elle se rendait dans le faubourg Saint-Antoine, je crois...

RÉGULUS. C'est là que je l'ai laissée.

DUBREUIL. Retournes-y!... parcours les rues... explore les magasins, les garnis... ne ménage pas les démarches... Songe qu'il me la faut... il me la faut!

RÉGULUS. Soyez tranquille!... d'ailleurs, mon amour-propre est engagé... cette mignonne qui m'a dédaigné, moi, Régulus, dit Fleur d'amour... qui fait des manières, quand je lui offre mon cœur... et de la consommation!... dès demain je me mets en course, et je vous rapporte le gibier.

DUBREUIL. C'est bien !

RÉGULUS. Mais pardon, on m'attend pour commencer la poule...

DUBREUIL. Va... et dès que tu sauras quelque chose, avertis-moi !

RÉGULUS. C'est dit !... (*Revenant sur ses pas.*) A propos, vous ne pourriez pas me donner un petit à-compte ?

DUBREUIL. Voilà cinq louis.

RÉGULUS. Cinq jaunets ! merci, patron ! (*chantant*) « L'or n'est pas une chimère... »(*Faisant avec sa canne le geste de jouer au billard.*) Ce soir, on se livre aux blocs de longueur... et demain, la chasse aux filles est ouverte... le vautour va s'envoler... garo la colombe !... (*à Dubreuil*) à bientôt !...

DUBREUIL. A bientôt !... (*Il sort par la gauche. — Louisette revient par la droite.*)

RÉGULUS, *à Louisette.* Pardon, la belle enfant !.. (*Il allume sa pipe à la lanterne de Louisette.*) Merci ! (*Il s'éloigne par la droite, en fredonnant. On voit la foule sortir du Théâtre Français.*)

SCÈNE IV.

FOULE, LOUISETTE, *puis* BOUGIVAL.

LOUISETTE, *à elle-même.* Ah ! v'là qu'on sort du Théâtre Français... Michel ne revient pas... j'vas me coucher... (*Elle sort par la gauche.*)

LE MARCHAND DE JOURNAUX. Ma dernière *Patrie*... le cours de la Bourse... les nouvelles d'Orient... La prise de Bomarsund !

BOUGIVAL, *sortant du Théâtre Français.* Mademoiselle Rachel ne jouait pas... C'est monsieur Samson qui la remplaçait.. Ça m'a vexé... Et puis, c'est drôle ! je croyais que l'orchestre était en bas... on m'a envoyé tout en haut... J'avais le lustre dans les yeux... (*Regardant autour de lui.*) Voyons, il s'agit de rentrer à mon hôtel... Orientons-nous!... le boulevard... Je me reconnais... c'est par là. (*Il remonte vers le fond et sort. — La foule a continué à sortir du Théâtre Français. — Les garçons du café Minerve ont mis les volets. — Le gaz s'éteint. — Une patrouille venant de la rue Jeannisson, traverse le théâtre et s'éloigne par la rue Montpensier. Peu à peu la rue devient sombre et déserte. On voit Bougival revenir par la rue Jeannisson, ayant l'air de chercher son chemin.*)

SCÈNE V.

BOUGIVAL, *puis* DEUX VOLEURS.

BOUGIVAL, *seul, après avoir regardé autour de lui.* Voilà qui est particulier, par exemple !... je tourne... j'enfile des rues... et crac!... je me retrouve rue Richelieu... oui, voilà le Théâtre Français... Il faut pourtant que je rentre à mon hôtel; qui diable pourrait m'indiquer la rue Rochechouart?... Ah ! que je suis bête !... consultons mon Indicateur Parisien ! (*Il l'ouvre, et cherche à lire sous un bec de gaz.*) Rue Rochechouart... Ah!.. rue Rochechouart aboutissant à la rue Cadet... Ça ne me dit rien... Cherchons la rue Cadet... (*il feuillette son livre.*) Ah ! voilà !... rue Cadet aboutissant rue Rochechouart... Ça coûte un franc, ces petits livres-là !... (*Depuis un moment, on a vu paraître deux hommes de mauvaise mine... Ils ont observé Bougival et se sont approchés doucement.*)

PREMIER VOLEUR. Pourriez-vous me dire l'heure, s'il vous plaît, mon bourgeois ?

BOUGIVAL. Hein?... Comment?...

DEUXIÈME VOLEUR. Chut!... pas de gestes !.. pas de cris !...

PREMIER VOLEUR. Ne faisons pas le malin.

DEUXIÈME VOLEUR. Aboulons gentiment.

BOUGIVAL. Mais qui êtes-vous donc?

PREMIER VOLEUR. C'te malice... Vous le voyez bien... Pègres à la tire.

BOUGIVAL. Pègres à la tire... (*très-effrayé et à lui-même*) des filous !

DEUXIÈME VOLEUR. Allons, aboulons la toquante.

BOUGIVAL. La toquante?

DEUXIÈME VOLEUR. Eh ! bien... oui, la montre.

BOUGIVAL, *la donnant.* La voilà !... c'est

qu'il faudra que vous y fassiez mettre un verre.

PREMIER VOLEUR. Maintenant la filoche.

BOUGIVAL. La filoche?

DEUXIÈME VOLEUR. Eh ! oui .. la bourse.

BOUGIVAL. La bourse?... Ah ! justement, j'ai sur moi l'Indicateur parisien. La Bourse, est un monument carré...

PREMIER VOLEUR, *lui enlevant sa bourse.* Voilà le monument

BOUGIVAL. Mon argent !... Mais...

PREMIER VOLEUR. Taisez-vous donc! vous allez attirer la patrouille.

DEUXIÈME VOLEUR, *qui vient de lui enlever ses gants et son mouchoir.* C'est fait !

BOUGIVAL. Mes gants... mon mouchoir... Pardon, je suis enrhumé du cerveau.

PREMIER VOLEUR. Monsieur veut rire ? Tiens!... (*Il lui donne un renfoncement, et lui enfonce son chapeau sur les yeux.*) Esbignons-nous!... décarrons! (*Ils se sauvent par le fond.*)

SCÈNE VI

BOUGIVAL, *puis* DEUX HOMMES DE LA PATROUILLE GRISE.

BOUGIVAL, *parvenant, après beaucoup d'efforts, à retirer son chapeau.* Oh ! les rues de Paris !... les rues de Paris ! C'est que je suis dévalisé..... Volé comme dans un bois..... (*Voyant deux hommes se glisser dans l'ombre.*) Ah ! saperlotte ! Qu'est-ce que c'est que ces gens-là?... Encore des voleurs ! Et moi qui n'ai plus rien à leur donner... Ils sont capables de me faire un mauvais parti... Ah ! mes jambes flageolent... je mollis.

PREMIER HOMME, *s'approchant.* Qu'est-ce que vous faites là ?

BOUGIVAL, *à part.* Ah ! une inspiration !.. ces mots que j'ai retenus... C'est ça !... ils me prendront pour un confrère et me laisseront passer.

DEUXIÈME HOMME. Qui êtes-vous ?

BOUGIVAL. Pègre à la tire... la toquante... Aboulons la filoche... Esbignons-nous ! Décarrons! (*Il veut se sauver, le chef de la patrouille lui met la main au collet.*)

PREMIER HOMME. Un moment!... je vous arrête !...

BOUGIVAL. Hein ?... Comment!... mais...

DEUXIÈME HOMME, *le saisissant.* Suivez-nous !...

BOUGIVAL. Où ça ?...

PREMIER HOMME. Au poste !

BOUGIVAL. Au poste ! ah ! bah !... c'était la patrouille !

PREMIER HOMME. Allons, marchez !

BOUGIVAL. Messieurs, je suis un honnête homme... Ernest Bougival de Lons-le-Saulnier, j'arrive pour être parrain...

PREMIER HOMME. C'est bon; c'est bon ! vous vous expliquerez au violon.

BOUGIVAL. Oh ! les vilaines rues !... les vilaines rues ! (*Les deux hommes l'entraînent par la droite; on entend continuer à s'expliquer dans la coulisse, puis sa voix s'éteint. La scène reste un moment déserte, après quoi la musique change, et l'on voit arriver Marguerite, par le fond.*)

SCÈNE VII.

MARGUERITE, *regardant autour d'elle avec effroi.*

Quelle solitude ! quelle obscurité ! Oh ! que ce Paris est grand !... Et ces protecteurs, ces amis sur lesquels je comptais, partis du faubourg Saint-Antoine... sans laisser leur adresse... sans rien dire... Que vais-je devenir ?... sans asile... sans argent... Car, ce matin, en me débattant contre ce vilain homme qui voulait m'entraîner, j'ai perdu ma bourse... Seule !... (*Pleurant.*) Seule !... j'ai peur ! (*S'appuyant contre une borne.*) J'ai pensé à Michel... J'ai demandé la rue de Valois... Mais à cette heure, il ne doit plus être là... (*S'appuyant contre le mur.*) Ah ! que je suis fatiguée !... Je n'irai pas plus loin... J'attendrai le jour... et

demain... Oh ! mon Dieu ! m'avez-vous abandonnée ?...

SCÈNE VIII.

MARGUERITE, PAUL, *entrant par la gauche.*

PAUL, *à lui-même.* Maudite idée que j'ai eue de jouer après dîner... Vingt-cinq louis que je perds !... Pas un banco sans un refait !... Enfin ! rentrons nous coucher !... Tiens, mon cigare est éteint... et pas une boutique ouverte pour le rallumer... Il doit être tard !... (*Entendant les sanglots de Marguerite.*) Hein ? qu'est-ce que j'entends donc là ?... Une jeune fille !... (*S'approchant.*) Seule dans la rue, à pareille heure...

MARGUERITE. Quelqu'un !...

PAUL. Que faites-vous donc là, mon enfant?

MARGUERITE. Moi, monsieur... rien... rien!

PAUL. Des pleurs !... que vous est-il arrivé ? (*A part.*) C'est qu'elle est charmante... (*Haut.*) Voyons... la nuit est noire... les rues de Paris sont peu sûres... (*Lui offrant le bras.*) Acceptez mon bras !

MARGUERITE. Monsieur...

PAUL. Voyons, ma belle enfant, voulez-vous que je vous reconduise ?...

MARGUERITE. Vous, monsieur.. où donc ?

PAUL. Mais que sais-je ?... chez vous... chez moi...

MARGUERITE, *se dégageant.* Oh ! monsieur, si vous êtes un honnête homme, au nom de votre mère, laissez-moi !

PAUL, *ému, à part.* Ma mère !... (*A Marguerite.*) Mademoiselle, sur mon honneur, c'est maintenant comme un ami que je vous offre mon bras... Vous pouvez vous y appuyer sans crainte, mademoiselle, je ne vous demanderai rien que ce droit sacré que possède tout homme de cœur, de protéger une femme... (*Silence de Marguerite.*) Mais vous savez du moins où aller?... où passer la nuit?...

MARGUERITE, *d'une voix faible.* Oui... oui.. monsieur, je le sais... Laissez-moi.

RÉGULUS, *arrivant par la rue Jeannisson. Il les aperçoit.* Tiens, des amoureux qui se quittent.

PAUL. Vous le voulez?

MARGUERITE. Oui, oui... monsieur, je vous en prie !

PAUL, *saluant.* Dieu vous garde, mademoiselle ! (*Il sort par le fond.*)

RÉGULUS, *à part.* Une veuve à consoler, voilà mon affaire !

SCÈNE IX.

MARGUERITE, RÉGULUS.

RÉGULUS, *s'approchant avec galanterie et offrant son bras.* Madame... ou, mademoiselle...

MARGUERITE, *effrayée.* Ah !

RÉGULUS. Permettez qu'en vrai chevalier français...

MARGUERITE, *le reconnaissant, avec effroi.* Mon Dieu !... c'est lui... c'est lui !...

RÉGULUS, *la reconnaissant aussi.* Ah ! bah !... mon billet de mille qui revient sur l'eau... En voilà un raccroc de la chance !

MARGUERITE, *avec la plus grande frayeur.* Monsieur... monsieur.. n'approchez pas !... ou j'appelle.

RÉGULUS. Oh ! cette fois, il fait nuit, la belle, et tu ne m'échapperas pas...

MARGUERITE, *tâchant de se dégager.* Au secours !... au secours !...

RÉGULUS, *cherchant à l'entraîner.* Mais tais toi donc... et viens !...

MARGUERITE. Au secours !...

SCÈNE X.

LES MÊMES, PAUL.

PAUL, *revenant sur ses pas.* Ces cris... misérable !... (*Il se place entre Marguerite et Régulus qu'il repousse.*)

RÉGULUS. Hein !... de quoi vous mêlez-vous ?

PAUL. Pourquoi faites-vous violence à cette jeune fille ?

RÉGULUS. Pourquoi m'interroges-tu, toi, muscadin?

PAUL. Pour savoir quelle sera la réponse d'un

lâche qui insulte une femme, à l'homme de cœur qui la protège.

RÉGULUS. Des gros mots!... attends, mirli-flor... (*Il jette par terre son chapeau et sa canne et se met en garde.*)

PAUL, *se mettant en position.* Une rixe! Eh bien!... soit!

MARGUERITE, *effrayée.* Et l'on ne viendra pas... Au secours! au secours!

PAUL. A nous deux!...

SCÈNE XI.
LES MÊMES, MICHEL.

MICHEL, *entrant par la droite.* Allons donc!... A nous trois, s'il vous plaît!

MARGUERITE. Michel!

MICHEL. Marguerite!... vous... vous ici!... et c'est vous qu'on insulte!... Ah! gredin!... attends!... (*Il se place entre Paul et Régulus.*)

RÉGULUS, *à part.* La perdre, quand je la re-trouve!... (*Ramassant sa canne.*) A moi, mon bambou!...

PAUL, *tirant un pistolet de sa poche et se pla-çant devant Régulus.* Si tu bouges... tu es mort! (*Sur un geste de Paul, Michel emmène Marguerite qui, de loin, semble adresser à Paul un geste de reconnaissance. — Paul tient Ré-gulus en échec au bout de son pistolet. — Le rideau tombe.*)

ACTE III.
Quatrième Tableau.

L'intérieur d'un magasin de lingerie. — Le fond, garni de larges vitraux, forme deux enfoncements où sont placées les marchandises d'étalage, et au mi eu desquels se trouve la porte d'entrée ; à droite et à gauche, dans la largeur du magasin, des comp-toirs en chêne couverts de cartons et d'objets de lingerie. — Chaises cannées à dossier de chêne. — A droite, premier plan, une cheminée à la prussienne, dans laquelle il y a du feu. — A gauche, une porte, conduisant aux magasins du premier étage et aux appartements. A travers le vitrage du fond on aperçoit la rue Saint-Denis.

SCÈNE PREMIÈRE.
DEUX DEMOISELLES DE BOUTIQUE, UN COMMIS, PLUSIEURS ACHETEURS, MICHEL.

Au lever du rideau, les Demoiselles de ma-gasin sont placées derrière les comptoirs et montrent diverses marchandises aux dames, le Commis écrit ; Michel est assis dans un coin de la boutique, la casquette à la main.

PREMIÈRE DEMOISELLE, *à une acheteuse en lui remettant un paquet.* Madame ne désire pas autre chose?... De la toile de Hollande?... nous en avons de magnifique... et si madame veut prendre la peine de visiter nos magasins du premier...

PREMIÈRE DAME, *se levant.* Non, merci. (*Elle se dirige vers la porte du fond.*)

PREMIÈRE DEMOISELLE, *la suivant et lui ou-vrant la porte.* De la batiste superbe...... des mouchoirs à très-bon compte... une véritable occasion... (*La Dame sort.*)

DEUXIÈME DEMOISELLE, *à une autre acheteuse.* Vous ne trouverez rien de mieux dans toute la rue Saint-Denis,.. nous sommes renommés pour cet article .. Je puis aussi vous faire voir de très-belles dentelles...

DEUXIÈME DAME. C'est inutile. (*Se levant et indiquant des objets de lingerie.*) Vous enverrez cela chez moi avec la facture.

DEUXIÈME DEMOISELLE. Vous n'y manque-rons pas.

PREMIÈRE DEMOISELLE, *reconduisant la Dame jusqu'à la porte.* Quand madame aura d'autres achats à faire, je la prie de penser à nous. (*Refermant la porte, et à Michel :*) A propos, mon garçon, voulez-vous qu'on aille prévenir mademoiselle Marguerite?

MICHEL. Oh! bien oui, ça!... je ne veux dé-ranger personne... j'attendrai...

SCÈNE II.
LES MÊMES, moins les acheteuses, COQUEREL.

COQUEREL, *entrant par la porte du fond et ra-*neur. Ah! mon fils s'est éveillé... il crie... (*Apercevant Michel.*) Tiens! c'est vous, Mi-chel?... Bonjour, mon garçon, bonjour.

MICHEL. Oui, monsieur Coquerel, je passais dans la rue Saint-Denis ... et...

COQUEREL. Et vous êtes venu voir mademoi-selle Marguerite... c'est très-bien... Elle est au premier, auprès de ma femme et de mon fils; elle s'occupe à le rendre présentable, car le petit drôle ne respecte rien... Vous savez que c'est aujourd'hui que nous le baptisons..

MICHEL. Ah! vraiment!... aujourd'hui?

COQUEREL. Paroisse Saint-Merry, à quatre heures... la vente sera à peu près terminée... et, ma foi, nous fermerons le magasin... C'est un jour solennel que le baptême d'un fils... J'appelle le mien Marc-Antoine.

MICHEL. Tiens, c'est un joli nom.

COQUEREL. Son parrain voulait le nommer Ernest... comme lui... il s'appelle Ernest Bou-gival... Mais Ernest, c'est bien mal porté... tous les garçons coiffeurs s'appellent Ernest... j'ai préféré Marc-Antoine... ça vient du grec...

MICHEL. Et mam'zelle Marguerite, en êtes-vous content?

COQUEREL. Mais oui, assez content... elle a du zèle... de l'activité... Depuis quinze jours qu'elle est ici, elle commence à s'habituer au commerce.

MICHEL. Ah! je savais bien, en vous la re-commandant, en vous priant de la prendre chez vous, que c'était un cadeau que je vous faisais!... Vous avez hésité, pourtant.

COQUEREL. Eh bien, oui!... je ne vous le cache pas, j'avais des préventions... une jeune fille sans parents, sans asile... tombant ainsi sur le pavé de Paris... Enfin, je vous connais-sais depuis longtemps... vous m'avez répondu d'elle...

MICHEL. Corps pour corps.

COQUEREL. Écoutez donc, c'est que dans une maison comme la mienne... où il y a des objets de valeur... des dentelles de prix, il faut être bien sûr des gens qu'on emploie.

MICHEL. Oh! sur le compte de Marguerite, vous pouvez être tranquille! c'est la jeunesse-là, voyez-vous, c'est la crème des honnêtes filles.

COQUEREL. Je vous crois... je vous crois... mais...

MICHEL. Et puis, dame! ça a été à l'école... ça sait écrire, compter, faire de la couture... Enfin, tenez, monsieur Coquerel, en la recueil-lant chez vous, c'est une bonne action que vous avez faite... je vous en remercie... et foi de Michel, vous ne vous en repentirez pas.

COQUEREL, *prêtant l'oreille à droite, et d'un air enchanté.* Entendez-vous?... C'est Marc-Antoine qui crie... Il crie toujours... voilà trois nuits que je n'ai fermé l'œil...

SCÈNE III.
LES MÊMES, TRICOCHE.

TRICOCHE, *chargé de boîtes de dragées, en-trant par le fond.* Salut et joie!... c'est moi... bonjour, Coquerel.

COQUEREL. Ah! monsieur Tricoche.. avec les dragées...

TRICOCHE. Mes compliments, voisin... votre parrain est un homme charmant... et qui fait très-bien les choses... voyez plutôt... tout de premier choix... et sans marchander.

COQUEREL. Vous ne l'amenez pas?...

TRICOCHE. Comment... est-ce qu'il n'est pas arrivé?...

COQUEREL. Pas encore... et ça m'étonne... il devait être ici à deux heures précises... et il en est trois .. Lui serait-il arrivé quelque chose?

TRICOCHE. D'autant plus qu'il n'a pas de chance dans les rues de Paris, à ce qu'il pa-raît... Encore hier, en venant chez moi, rue des Lombards, n'a-t-il pas failli recevoir un tuyau de cheminée sur la tête...

COQUEREL. En vérité?... vous m'inquiétez... Si j'envoyais chez lui... Michel?

MICHEL. Monsieur Coquerel?

COQUEREL. Mon garçon, donnez donc un coup de pied jusqu'à la rue Rochechouart, hô-tel du Midi; vous demanderez monsieur Bou-gival... et vous lui direz que nous l'attendons pour la cérémonie.

MICHEL. Bien volontiers, monsieur Coquerel.

COQUEREL. Vous verrez Marguerite à votre retour.

MICHEL. C'est ça!... sans adieu, monsieur Coquerel et la compagnie... Je cours et re-viens. (*Il sort par le fond.*)

TRICOCHE. Moi, je monte présenter mes hom-mages à la nouvelle accouchée et lui offrir quelques dragées. (*Il sort par la gauche.*)

SCÈNE IV.
LES DEMOISELLES, LE COMMIS, COQUEREL, puis MARGUERITE.

COQUEREL, *le suivant.* N'en offrez pas à Marc-Antoine surtout... il serait capable d'accep-ter, le gaillard!... et ça l'incommoderait. (*Voyant entrer Marguerite par la porte de gau-che.*) Eh bien! et mon fils?...

MARGUERITE. Il dort en ce moment... pauvre petit ange!...

COQUEREL. Alors il ne crie plus... ça le re-posera... Il criera mieux à la sacristie... Ah! pendant que nous serons au baptême, vous, mademoiselle Marguerite, vous resterez ici.

MARGUERITE. Oui, monsieur, c'est convenu.

COQUEREL. Michel vous tiendra compagnie...

MARGUERITE. Michel?

COQUEREL. Il sort d'ici... Je l'ai envoyé en course; mais il va revenir. Surtout, en mon absence, faites bien attention.

MARGUERITE. Oh! soyez tranquille...

COQUEREL. S'il vient des acheteurs, ne per-dez pas de vue les marchandises... Depuis quelques jours, plusieurs articles précieux ont disparu... Hier encore, un mouchoir brodé de cinquante écus!... (*A Marguerite.*) Veillez surtout aux dentelles... on a sitôt fait d'en fourrer une pièce sous un paletot ou sous un mantelet... avec ça qu'aujourd'hui on confec-tionne des vêtements d'un large!... Parole d'honneur, on dirait que ce sont les voleurs qui inventent les modes... Au surplus, à quatre heures vous fermerez... c'est plus sûr!... (*Au commis qui, pendant ce qui précède, a rangé les marchandises avec l'aide des deux demoiselles de boutique.*) Allons, monsieur Adrien... faites vos préparatifs... mettez toujours les volets.

LE COMMIS. De suite, monsieur. (*Il entre à gauche pour chercher les volets.*)

COQUEREL, *regardant à sa montre.* Trois heures et demie... Et ce diable de Bougival qui n'arrive pas! qui peut le retenir... je vous le demande?... (*Le Commis a reparu avec les volets. Il se dirige vers la porte du fond et heurte rudement Bougival qui entre.*)

SCÈNE V.
LES MÊMES, BOUGIVAL, chargé de jouets d'enfants, de polichinelles, etc., puis UNE NOURRICE.

BOUGIVAL, *portant la main à son œil.* Oh! là! là!...

COQUEREL. C'est lui!...

LE COMMIS. Oh! pardon!... je vous ai fait mal?...

BOUGIVAL. Au contraire!...

COQUEREL. Qu'y a-t-il?

BOUGIVAL. C'est le bouquet!... un volet dans l'œil. Ça ne m'étonne pas... (*Avec éclat.*) Mais si l'on veut me tuer... qu'on le dise! (*Chan-geant de ton et donnant les jouets à Coquerel.*) Tenez, voilà pour Marc-Antoine.

MARGUERITE, *s'approchant.* Une compresse d'eau fraîche ? ..

COQUEREL. Ou d'eau salée?...

BOUGIVAL. Merci!... (*Otant sa main et laissant voir un œil poché.*) C'est moins grave que je ne croyais. Je me mettrai les pieds à l'eau ce soir... Ah! la journée a été bonne!... un volet dans l'œil et un procès-verbal sur le dos.

COQUEREL. Un procès-verbal?

BOUGIVAL. Un franc d'amende et quinze francs de frais... Total : seize livres...

COQUEREL. Comment?

BOUGIVAL. Oui, tout à l'heure... je m'étais arrêté au coin d'une rue... je lisais une affiche, quand on me frappe sur l'épaule en me disant que je suis en contravention... et que j'en ai pour seize francs... En contravention! pourquoi? je vous le demande!

COQUEREL, *le prenant à l'écart.* Ah! je devine!... on a cru que..... (*Il lui parle à l'oreille.*)

BOUGIVAL, *s'exclamant.* Ça n'est pas vrai!... je suis innocent!...

COQUEREL, *riant.* Ah! ah! ah! ce pauvre Bougival!...

BOUGIVAL. Enfin me voici chez vous!... (*Regardant autour de lui.*) Tiens! je n'avais pas encore remarqué..... c'est très-joli, chez vous!

COQUEREL, *avec une certaine vanité et fourrant ses mains dans ses poches.* Ah! voilà!... parce que je suis un marchand de la rue Saint-Denis, vous vous disiez : Je vais voir une baraque bien triste, bien enfumée, bien rococo... comme dans les comédies de Picard ou les romans de Pigault-Lebrun... Regardez, mon cher!... des glaces partout... Eh! mon Dieu! nous sommes de la rue Saint-Denis, mais nous encourageons le progrès... le luxe est ici comme partout ailleurs... Les boutiques de la rue Saint-Denis s'intitulent aujourd'hui magasins... et ses boutiquiers sont passés négociants. (*Entre une nourrice. Grand bonnet cauchois, parler normand.*)

LA NOURRICE, *entrant par la droite.* Madame demandons si l'parrain étions arrivés

BOUGIVAL. Oui, le parrain... (*Regardant la nourrice.*) Ah! saperlotte! la belle femme!

COQUEREL. C'est la nourrice.

BOUGIVAL. Je l'aurais reconnue à ses accessoires.

COQUEREL. Je l'ai commandée au bureau de la rue Sainte-Appoline... on m'a servi ce qu'il y avait de mieux.

LA NOURRICE, *à Bougival.* C'est-y vous qu'étions le parrain?

BOUGIVAL. Oui, femme superbe!.. c'est moi qui l'étions... (*A part.*) Oh! la belle nourrice! la belle nourrice!...

LA NOURRICE. La bourgeoise voulions vous voir. . Allais, marchais!...

BOUGIVAL. En avant!... marchons! (*Il prend la taille de la nourrice.*)

LA NOURRICE. Ah mais!... ah mais!... voulez-vous bien fini... enjôleux!... (*Ils sortent par la droite.*)

COQUEREL, *les suivant.* Bougival!... Bougival!...

BOUGIVAL, *reparaissant.* Hein!... qu'est-ce que c'est?...

COQUEREL. Observez-vous!

BOUGIVAL. Cristi! la belle femme!... (*Il rentre dans la coulisse.*) Voilà, nourrice, voilà!

LA NOURRICE, *en dehors.* Mais finirez-vous, à la fin!... (*On entend le bruit d'un soufflet et la voix de Bougival qui crie :* Oh! la, la !... *Pendant cette scène le Commis a achevé de mettre les contrevents, Marguerite et les Demoiselles, de ranger; puis, le Commis et les Demoiselles sont sortis, et il ne reste plus dans le magasin que Coquerel et Marguerite.*)

SCÈNE VI.

COQUEREL, MARGUERITE, puis Mme DE BEAUMESNIL et DUBREUIL.

COQUEREL. Un soufflet!... C'est bien fait!... ce Bougival est d'un incandescent... (*Jetant les yeux sur les comptoirs.*) Allons, mettons tout en ordre, et je puis... (*On entend le bruit d'une voiture qui s'arrête en dehors.*) Hein!... un équipage qui s'arrête devant mon magasin... je ne me trompe pas... c'est celui d'une de mes plus riches clientes... madame de Beaumesnil.

MARGUERITE, *qui est allée ouvrir la porte.* Ah! mon Dieu!... mais cette dame paraît indisposée. . elle se soutient à peine.

COQUEREL. En effet... Vite, Marguerite, le flacon d'éther de ma femme... un verre d'eau sucrée...

MARGUERITE. Oui, monsieur, oui! (*Elle sort par la gauche; entrent par le fond Mme de Beaumesnil appuyée sur le bras de Dubreuil.*)

DUBREUIL. Venez, chère dame, venez; appuyez-vous sur mon bras.

COQUEREL, *s'empressant d'avancer une chaise.* Monsieur Dubreuil, mais qu'y a-t-il donc?... qu'est-il arrivé à Mme la comtesse?

DUBREUIL, *faisant asseoir Mme de Beaumesnil.* Elle vient d'être prise d'une de ces crises nerveuses auxquelles elle est sujette... Heureusement, nous passions près de ce magasin, et j'ai fait arrêter...

COQUEREL. Mon Dieu! que je regrette donc que ma femme soit encore au lit!

DUBREUIL. Oh! ce ne sera rien, je l'espère... Voyez, elle semble déjà se calmer..... (*A Mme de Beaumesnil, qui revient peu à peu à elle.*) Aussi, je vous le disais... sortir... dans votre état de faiblesse... quand vous relevez à peine d'une grave maladie... c'était une imprudence! (*Geste de Mme de Beaumesnil.*) Eh bien! oui, je sais ce que vous allez me répondre... ces démarches, ces nouvelles recherches que vous vouliez faire pour retrouver... Mais ces démarches, je les aurais faites moi-même... Croyez que je m'intéresse autant que vous au sort de cette pauvre enfant... car enfin, c'est ma nièce.

Mme DE BEAUMESNIL, *la main sur son cœur.* Ah! c'est ma fille, à moi!...

COQUEREL, *à Marguerite, qui rentre.* Mais voyons donc! voyons donc! ce verre d'eau?...

MARGUERITE. Le voici.

DUBREUIL, *reconnaissant Marguerite, à part.* Qu'ai-je vu!...

MARGUERITE, *s'approchant de Mme de Beaumesnil.* Prenez, prenez, madame... (*A part, avec beaucoup d'intérêt.*) Pauvre dame!.. comme elle est pâle!... comme elle paraît souffrir!...

DUBREUIL, *à part, avec trouble.* Elle!... elle ici!... grand Dieu!

Mme DE BEAUMESNIL, *regardant Marguerite avec bonté.* Merci, mon enfant, merci... je n'ai besoin de rien.

MARGUERITE. Madame se sent mieux?

Mme DE BEAUMESNIL, *les yeux toujours fixés sur Marguerite.* Oui, mieux..... beaucoup mieux... depuis un moment... depuis...

DUBREUIL, *à part.* Comme elle la regarde!

MARGUERITE, *avec une sorte de bonheur.* Ah! (*Elle va reporter le plateau sur le comptoir.*)

Mme DE BEAUMESNIL, *à Coquerel, la suivant des yeux.* Quelle est donc cette jeune personne?... Je ne l'ai pas encore vue, je crois...

COQUEREL. Non, madame la comtesse... elle n'est ici que depuis quelques jours seulement.

Mme DE BEAUMESNIL, *regardant toujours Marguerite.* Elle est fort bien!... fort jolie!... n'est-ce pas, Dubreuil?

DUBREUIL, *sortant de sa stupeur.* Hein?... pardon... vous disiez?...

Mme DE BEAUMESNIL. Oui, sa physionomie respire un charme qui séduit... qui attire... (*A elle-même.*) Hélas! pauvre mère! je ne puis voir une jeune fille sans songer à celle... (*A Marguerite, qui s'est rapprochée.*) Dites-moi, mon enfant, comment vous appelez-vous?

MARGUERITE. Marguerite, madame.

Mme DE BEAUMESNIL, *à elle-même.* Marguerite!... (*A Marguerite.*) Et avant d'entrer chez M. Coquerel... vous étiez?...

DUBREUIL, *à part.* Ces questions... je tremble!. .

MARGUERITE, *avec embarras.* Moi, madame... où j'étais?...

DUBREUIL, *s'interposant vivement.* Pardon, chère dame!... pendant que vous vous trouvez mieux, je crois que nous ferions bien de retourner chez vous... et si vous le permettez. .

Mme DE BEAUMESNIL. Un instant. Avant de quitter cette maison, je veux du moins reconnaître par quelques achats l'hospitalité, les soins que j'y ai reçus.

COQUEREL. Ah! c'est trop de bonté... il n'est pas nécessaire... mais enfin, puisque madame la comtesse l'exige...

Mme DE BEAUMESNIL. Oui, je vous en prie... mettez-moi...

COQUEREL. Des cols brodés? des bonnets? des peignoirs du matin? nous en avons de fort beaux... d'une disposition toute nouvelle... Mademoiselle Marguerite?...

MARGUERITE, *qui a pris des cartons dans les casiers.* Oui, monsieur, voilà... (*Présentant des objets de lingerie.*) Si madame veut bien examiner, choisir...

Mme DE BEAUMESNIL, *la regardant toujours.* Oh! c'est inutile, mademoiselle... et je m'en rapporte à votre goût.

MARGUERITE. A mon goût, madame?...

Mme DE BEAUMESNIL. Oui, oui, je suis sûre qu'il est excellent... mettez-moi donc de côté quelques broderies... je serai presque heureuse de les devoir à votre choix.

MARGUERITE, *avec émotion.* Madame!...

COQUEREL, *à Marguerite.* Allons, six peignoirs brodés... et une douzaine de guimpes, de bonnets pour madame la comtesse. *A madame de Beaumesnil.*) Nous avons aussi des dentelles magnifiques..

Mme DE BEAUMESNIL. Des dentelles?...

COQUEREL, *à Marguerite.* Montrez à madame ces deux pièces de dentelles que nous avons tout récemment reçues... carton numéro dix-sept. (*Voyant Marguerite occupée à regarder madame de Beaumesnil.*) Allons donc!... allons!... dépêchez-vous!

MARGUERITE. Voilà, monsieur... voilà!... c'est que... (*Coquerel étalant les dentelles que Marguerite vient d'apporter.*) Du point d'Angleterre de la plus grande richesse... cela a figuré à l'exposition de Londres... la pièce est de dix mètres... à deux cents francs le mètre...

Mme DE BEAUMESNIL, *ne regardant toujours que Marguerite.* Oui, oui... c'est fort beau, mais...

COQUEREL. Voici qui est mieux encore... (*A Marguerite.*) Carton numéro dix-huit?... (*Montrant la dentelle que Marguerite lui passe.*) Dix mètres aussi, à trois cents francs le mètre... de quoi faire une superbe garniture de robe de bal...

Mme DE BEAUMESNIL. Merci, merci, monsieur Coquerel... mais depuis longtemps j'ai renoncé au luxe, aux plaisirs du monde... et d'aussi riches parures s'accorderaient mal . (*comme à elle-même*) avec le deuil qui est dans mon cœur. (*Elle porte la main à ses yeux.*)

COQUEREL. Pardon, j'ignorais... je suis désolé...

MARGUERITE, *à part.* Pauvre dame!... comme elle a dit cela!... j'ai vu briller une larme dans ses yeux.

DUBREUIL, *à madame de Beaumesnil.* Allons, chère dame, remettez-vous et partons.

Mme DE BEAUMESNIL. Déjà?... j'aurais voulu...

DUBREUIL. Il le faut.

COQUEREL, *indiquant le paquet des objets achetés.* Je vais avoir l'honneur de placer ce paquet dans la voiture de madame la comtesse.

Mme DE BEAUMESNIL, *frappée d'une idée.* Non!... non, monsieur Coquerel... je vous prierai de l'envoyer demain à l'hôtel, et même je vous demanderai un service...

COQUEREL. Comment donc, madame, trop heureux!... Qu'est-ce donc?...

Mme DE BEAUMESNIL. C'est... c'est de me l'envoyer par... mademoiselle.

DUBREUIL, *à part.* O ciel!

COQUEREL. Par mademoiselle? (*Marguerite?. .*

MARGUERITE. Par moi? par moi, madame?...

Mme DE BEAUMESNIL. Oui, je ne sais pourquoi, mais vous m'avez inspiré une sympathie subite... j'aurai du plaisir à vous revoir... à m'entretenir un moment avec vous.

MARGUERITE. Ah! madame, que vous êtes bonne!

COQUEREL. Vous entendez, mademoiselle Marguerite... demain vous irez chez madame la comtesse.

MARGUERITE. Oui, oui, je ne l'oublierai pas.

Mᵐᵉ DE BEAUMESNIL. Et pour qu'on vous laisse arriver jusqu'à moi, je vais vous donner un mot.

COQUEREL, *indiquant le comptoir de gauche*. Voici des plumes... du papier...

Mᵐᵉ DE BEAUMESNIL. C'est bien! (*Elle va écrire. Marguerite et Coquerel sont auprès d'elle; Dubreuil reste seul sur le devant.*)

DUBREUIL, *à part*. Demain, à l'hôtel... mais si elles se revoient, si elles se parlent, je suis perdu... que faire? comment empêcher? (*Tournant les yeux sur les dentelles qui sont restées étalées sur le comptoir de droite et frappé d'une idée subite.*) Ah! quelle idée!... oui, ce serait un moyen, peut-être... (*Regardant autour de lui et voyant que personne ne l'observe.*) Si j'osais!... (*Il prend vivement des ciseaux sur le comptoir, et coupe deux ou trois mètres de dentelles dont il fait une pelote qu'il jette au feu.*) Ah!...

Mᵐᵉ DE BEAUMESNIL, *qui a fini d'écrire*. Voici ce papier, — à demain.

MARGUERITE. A demain, madame.

Mᵐᵉ DE BEAUMESNIL. Dubreuil, votre bras?

DUBREUIL, *qui s'est remis*. Le voici, chère dame.

COQUEREL, *saluant jusqu'à terre*. Madame la comtesse... monsieur...

DUBREUIL, *se dirigeant vers le fond avec madame de Beaumesnil*. Vous aviez raison, cette jeune fille est charmante.

Mᵐᵉ DE BEAUMESNIL. N'est-ce pas?... (*Se retournant encore vers Marguerite.*) A demain, mon enfant!

MARGUERITE, *avec expansion*. Oh! oui, madame, à demain! (*Madame de Beaumesnil sort avec Dubreuil. — On entend bientôt le bruit d'une voiture qui s'éloigne. Coquerel reste au fond sur la porte, à saluer; Marguerite revient en scène.*)

SCÈNE VII.

COQUEREL, MARGUERITE, puis TRICOCHE, BOUGIVAL et LA NOURRICE.

MARGUERITE, *revenant et à part*. Oh! oui, j'irai... car quelque chose me parle aussi pour elle... Il me semble que je l'aime déjà comme si je la connaissais depuis longtemps... comme si je l'avais toujours aimée... Ah! c'est singulier ce que j'éprouve... et je voudrais être à demain!

COQUEREL, *après avoir fermé la porte, revenant en se frottant les mains*. Allons, une bonne affaire à laquelle je ne m'attendais pas!... (*A Marguerite.*) Remettez ces cartons à leur place! (*Marguerite serre les dentelles.*) J'aurais désiré qu'elle prît aussi les dentelles... mais enfin... voyons, maintenant, songeons à Marc-Antoine.

TRICOCHE, *entrant par la gauche*. Eh bien... partons-nous?...

BOUGIVAL, *entrant aussi, suivi de la Nourrice et des Invités*. Et ma commère?... je réclame ma commère.

COQUEREL. Nous la prendrons en route... (*L'enfant crie.*) Marc-Antoine s'impatiente... mon chapeau... partons!

TRICOCHE, *à la Nourrice*. Il a peut-être faim.

LA NOURRICE. Je l'y baillerons à dîner au retour...

BOUGIVAL, *à la Nourrice*. Dites donc, nourrice, invitez-moi.

LA NOURRICE. A quê?

BOUGIVAL. A dîner avec lui... Quand il y en a pour un il y en a pour deux.

LA NOURRICE, *lui donnant une tapoche*. Va donc, mauvais gas!

COQUEREL, *contrarié*. Bougival! Bougival!... devant mon fils... vous allez faire rougir Marc-Antoine!

BOUGIVAL. C'est juste!

COQUEREL. Observez-vous, et partons.

TOUS. Oui, partons! (*Ils vont pour sortir.*) — *Dubreuil paraît au fond.*

COQUEREL, *s'arrêtant*. Monsieur Dubreuil!

SCÈNE VIII.

LES MÊMES, DUBREUIL.

DUBREUIL. C'est encore moi... Vous vous disposiez à sortir, mais je ne vous retiendrai pas longtemps.

COQUEREL. Comment donc, monsieur! je suis charmé!... Qu'est-ce qu'il y a pour votre service?

DUBREUIL. Voici le fait : A cent pas de votre magasin, ma belle-sœur a changé d'avis au sujet de ces dentelles que vous lui avez montrées... Elle est maintenant décidée à les prendre... Et, ma foi, je viens les chercher.

COQUEREL. Fort bien, monsieur... enchanté de... (*Aux personnes du baptême.*) Allons, allons, les affaires avant tout!... Allez devant... je vous rejoins!... (*Bougival, Tricoche, la Nourrice et les Invités sortent par le fond.*)

DUBREUIL, *à Coquerel*. Vous avez dit six mètres à trois cents francs, je crois...

COQUEREL. Dix!... monsieur... dix!... Toutes les pièces sont de dix mètres.

DUBREUIL. Ah! j'avais entendu six... Etes-vous bien sûr?

COQUEREL. Oh! très-sûr... Au reste, il est facile de mesurer...

DUBREUIL. Comme il vous plaira. — Cependant, si vous êtes certain...

COQUEREL. Qu'importe!... un achat de cette importance... (*Il va au comptoir et se met à mesurer la dentelle.*) Quatre... cinq... six... sept... (*avec étonnement*) huit!... Huit mètres! Mais il manque deux mètres! Mademoiselle Marguerite?

MARGUERITE, *s'approchant*. Monsieur?

COQUEREL. Est-ce que depuis quelques jours on a touché à ces cartons? Est-ce que vous avez montré ces dentelles à quelqu'un?

MARGUERITE, *troublée*. Moi, monsieur?... mais non... à personne qu'à cette dame... il y a un instant.

COQUEREL, *s'échauffant*. Mais il manque deux mètres, mademoiselle!...

MARGUERITE. Deux mètres... Ah! mon Dieu!... mais c'est impossible!

COQUEREL, *se montant de plus en plus*. Impossible! impossible! je sais bien ce que j'achète, que diable!... Voilà ce que c'est que de n'avoir pas l'œil à tout!... On me pille, on me dévalise! (*A Marguerite.*) Ce matin, je me le rappelle, à présent, je vous ai trouvée déployant ces dentelles...

MARGUERITE, *interdite*. Oui, monsieur, oui, je regardais... j'admirais...

COQUEREL. Vous les regardiez ce matin, et dans l'après-midi elles disparaissent! Tout ça n'est pas clair... car enfin, je ne vous connais pas, moi. Où sont vos parents? où sont les personnes qui répondent de vous?... Depuis que vous êtes chez moi, ce qu'il y a de sûr, c'est qu'on me vole.

MARGUERITE. Monsieur!...

DUBREUIL, *qui, jusque-là, a tout observé en silence*. Vraiment, je suis désolé que pour cette bagatelle... tenez.. (*tirant son portefeuille*) voilà le prix de ces malheureuses dentelles.

COQUEREL, *refusant*. Mais il ne s'agit pas de ça, monsieur Dubreuil... C'est le troisième vol depuis quinze jours... c'est-à-dire depuis l'entrée de mademoiselle ici... Il faut que cela finisse... j'en ai assez! Je suis bon, obligeant... mais je n'aime pas à garder chez moi des personnes suspectes...

MARGUERITE. Comment, monsieur!... c'est moi... moi, que vous accusez?

COQUEREL. Mon Dieu, mademoiselle, je ne vous accuse pas positivement.. je n'ai pas de preuves.. mais enfin, tenez, faites votre paquet... et allez-vous-en!...

MARGUERITE. Vous me chassez?

COQUEREL. Eh bien... oui, je vous chasse.

MARGUERITE, *éperdue*. Chassée! moi!... comme une... Ah! monsieur! monsieur!... j'ai mal entendu, n'est-ce pas? moi, une... oh! vous ne pouvez pas le croire. Dites-moi que vous ne le croyez pas... Je vous jure... mon bon monsieur Coquerel, je vous jure que je suis innocente!... Vous ne répondez pas? vous vous détournez de moi avec mépris!... (*Avec désespoir.*) Et je n'ai pas d'amis! je n'ai personne pour me protéger, pour me défendre... je suis seule au monde... (*Michel entre par le fond. Elle pousse un cri et se jette dans ses bras.*) Ah! Michel! Michel!...

SCÈNE IX.

LES MÊMES. MICHEL.

MICHEL. Eh bien!... Eh bien, que se passe-t-il donc? qu'y a-t-il?

COQUEREL. Il y a qu'un vol vient encore d'être commis.

MICHEL. Un vol!

MARGUERITE, *sanglotant*. Et c'est moi... moi qu'on accuse!

MICHEL. Vous! vous, mam'zelle! ah! qu'on ne le répète pas devant moi! (*A Coquerel.*) Renvoyez-la si vous voulez, monsieur Coquerel, c'est votre droit!... mais ne l'accusez pas, entendez-vous! (*avec menace*) ne l'accusez pas!... Elle! mam'zelle Marguerite! L'accuser d'avoir...

MARGUERITE. Oh! je vous jure!

MICHEL. Est-ce que j'ai besoin de votre serment?... Pauvre sainte fille du bon Dieu!... Est-ce que je ne sais pas que c'est impossible! Venez, mam'zelle... et relevez la tête! vous n'avez que votre honneur, mais je suis votre ami, votre frère et je saurai bien le faire respecter. Venez, venez!... (*Il l'entraîne.*)

DUBREUIL, *impassible et à part*. J'ai réussi!.. demain elle n'ira pas chez Mᵐᵉ de Beaumesnil.

ACTE IV.
Cinquième Tableau.
La rue des Blancs-Manteaux.

(*Le théâtre représente la cour du Mont-de-Piété; à droite et à gauche, les portes des bureaux avec ces mots : Engagements, Dégagements, Caisse, etc. Des affiches de vente garnissent les murs. Au fond la porte d'entrée par laquelle on aperçoit la rue des Blancs-Manteaux, avec ses boutiques de revendeuses. Au lever du rideau, des hommes, des femmes entrent dans la cour ou sortent des bureaux, les uns portant des paquets, d'autres des reconnaissances à la main. Un factionnaire se promène au fond en dehors. Des garçons de bureau vont et viennent dans la cour.*)

SCÈNE PREMIÈRE.

UN FACTIONNAIRE, DEUX OU TROIS GARÇONS DE BUREAU, HOMMES ET FEMMES, *puis* MICHEL, *puis* BOUGIVAL, *et ensuite* PAUL.

UN HOMME, *à un Garçon de bureau qui sort de la caisse et traverse la cour*. Le bureau des engagements?

LE GARÇON, *indiquant*. Au fond du corridor, à droite.

UNE FEMME, *au Garçon*. Monsieur, c'est pour dégager...

LE GARÇON. Voyons votre reconnaissance. (*Elle la montre.*) Troisième section à droite, au premier. (*Il passe, on voit entrer Michel par le fond, un paquet sous le bras.*)

MICHEL, *à part*. Mon cœur se serre chaque fois que j'entre ici... Je devrais y être habitué pourtant. Depuis un mois j'y suis venu assez souvent. (*Regardant le paquet qu'il tient.*) C'est tout ce qui me reste... Qu'est-ce qu'on va me prêter là-dessus?... (*Soupirant.*) Enfin, allons. (*Il entre au bureau des engagements.*)

BOUGIVAL, *au fond, dans la rue, et après avoir regardé de tous les côtés, s'adressant au factionnaire*. Pardon, factionnaire, la rue des Blancs-Manteaux, s'il vous plaît?

LE FACTIONNAIRE. Vous êtes dedans.

BOUGIVAL. Ah!... Alors le Mont-de-Piété?

LE FACTIONNAIRE. C'est ici.

BOUGIVAL. Ah!... (*Entrant et à part.*) C'est étonnant comme je commence à connaître Paris!... Depuis le boulevard je n'ai demandé mon chemin que dix fois.

PAUL, *paraissant au fond et à lui-même.*
Pas un commissionnaire au coin de cette rue.
Cependant, je ne me soucie pas d'aller moi-
même... Voyons, peut-être dans cette cour
trouverai-je... (*Entrant et apercevant Bougival.*) Eh! mais...

BOUGIVAL, *se retournant.* Ah! bah!

PAUL. Monsieur Bougival!

BOUGIVAL. Monsieur Paul!...

PAUL. Comment, mon cher, vous voilà ici?

BOUGIVAL, *embarrassé.* Oui... je... passais...
j'étais entré.. en curieux... mais vous-même,
par quel hasard?

PAUL, *souriant.* Oh! moi, ce n'est pas tout
à fait en curieux que je suis entré.

BOUGIVAL, *souriant.* Ah! bah!... est-ce que
vous viendriez?...

PAUL. Il le faut bien... Mon père, dans l'espoir de me décider à un mariage que je re-
fuse, me supprime mon traitement... et, ma
foi, pour ne pas rester sans argent, je suis
forcé d'employer les moyens héroïques.

BOUGIVAL. Je comprends!... Quand on ne
reçoit rien de son père, il faut avoir recours à
sa tante... (*Riant.*) Ah! ah! sa tante... c'est
un mot de Paris.

PAUL. Et je viens engager ma montre.

BOUGIVAL. Tiens! Eh bien, c'est comme moi.

PAUL. Vraiment?

BOUGIVAL. C'est-à-dire moi, ce n'est pas ma
montre... vu qu'on me l'a effarouchée. (*Riant.*)
Encore un mot de Paris!..

PAUL. Ah çà, est-ce qu'on vous aurait aussi
supprimé?...

BOUGIVAL. Ma pension?... Juste!... Papa
trouve que je dépense trop... Il ne veut
plus qu'on me fasse d'avances... afin de me
forcer à retourner chez nous.. Et comme il
ne me reste en caisse que sept francs cinquante centimes...

PAUL. Diable! on ne va pas loin avec ça.

BOUGIVAL. J'ai résolu de mettre quelque
chose au clou. (*Riant.*) Ah! ah!... dites
donc!... au clou!... décidément, je me forme.

PAUL. Oui... oui... et quel objet voulez-vous
engager?

BOUGIVAL, *montrant un lorgnon.* Ceci.

PAUL, *souriant.* Oh! quel superbe lorgnon!
je ne vous le connaissais pas.

BOUGIVAL. C'est une nouvelle acquisition...
je l'ai acheté, il y a huit jours... à un ancien
général grec.

PAUL. Un général grec?

BOUGIVAL. Un vieux brave, dont j'ai fait la
rencontre dans la rue. Il y avait quarante-
huit heures qu'il n'avait mangé pour ne pas
se défaire de ce bijou...

PAUL. Il y tenait donc bien?

BOUGIVAL. Plus qu'à la vie... c'était un souvenir de famille.. les diamants lui venaient
de son père, une vieille moustache, qui les
avait rapportés de ses croisières sur la côte
d'Égypte, une vieille moustache aussi, morte vivandière à
Navarin... Mon général pleurait en me racon-
tant ça...

PAUL, *riant.* Je le crois!

BOUGIVAL. Moi, je n'ai jamais pu voir pleurer un général grec sans m'attendrir... je me
mis à pleurer aussi... et je lui achetai son binocle.

PAUL, *souriant.* Et combien avez-vous payé
cette précieuse relique?

BOUGIVAL. Il en demandait cent francs...
mais je ne voulus pas abuser de sa position,
et je le priai d'en accepter cent deux... C'est
tout ce que j'avais sur moi.

PAUL. Il dut être enchanté?

BOUGIVAL. Ravi... seulement il me fit pro-
mettre de ne jamais le vendre... je le lui jurai
sur les cendres de Léonidas... Mais l'engager
ce n'est pas le vendre.

PAUL. Évidemment!

BOUGIVAL. Mais, voyons, où faut-il s'adresser pour?...

PAUL. Ah çà, est-ce que nous allons entrer
là? j'avais l'intention de charger quelqu'un...

BOUGIVAL. Oh! non!... je vous en prie!...
pratiquons nous-mêmes le libre échange... je
n'ai jamais joui de ce spectacle... ce doit être
curieux!

PAUL. Au fait, je ne vois pas de commissionnaire... Au diable la vergogne!... entrons.

BOUGIVAL. Entrons!... je suis sûr qu'ils vont
estimer très-cher mon lorgnon... des diamants
d'Égypte, c'est fort rare!... (*Ils entrent au bureau des engagements. Au même instant, on
voit arriver par le fond Louisette et Marguerite. Celle-ci est très-pâle et s'appuie pour mar-
cher sur le bras de Louisette.*)

SCÈNE II.

MARGUERITE, LOUISETTE.

MARGUERITE. Venez, ma bonne Louisette...
et reposons-nous un moment sous cette porte.
(*Elle s'assied sur un banc.*)

LOUISETTE. Là, voyez-vous, mam'zelle!...
qu'est-ce que je vous avais dit?... que vous
n'étiez pas assez forte... assez remise de votre
blessure... j'ai eu tort de vous laisser sortir.

MARGUERITE. Oh! non!... tu as bien fait!

LOUISETTE. Et où allons-nous?.. Vous m'a-
vez parlé d'une démarche qui pouvait vous
être utile... L'endroit où vous avez affaire
est-il encore bien loin?

MARGUERITE. Non. — Nous sommes arrivées.

LOUISETTE. Arrivées!... Comment!... mais
nous sommes au Mont-de-Piété.

MARGUERITE. C'est là que je voulais venir.

LOUISETTE. Vous, mam'zelle? et pourquoi?

MARGUERITE. Eh! pourquoi vient-on ici, Louisette, si ce n'est pour emprunter de l'argent?

LOUISETTE. De l'argent!... Eh bien... est-ce
que Michel et moi nous ne sommes pas là?...
Est-ce que depuis un mois?...

MARGUERITE, *l'interrompant.* C'est précisément parce que depuis un mois je vous ai
coûté beaucoup, que je veux aujourd'hui vous
venir en aide à mon tour.

LOUISETTE. Ne parlez donc pas comme ça
mamzelle! Ce que nous avons fait, pardine,
c'est bien naturel... et vous l'auriez fait à ma
place... En sortant de ce maudit magasin d'où
on a eu l'infamie de vous renvoyer, vous
étiez sans occupation, sans asile; je vous ai
offert la moitié de ma chambre, en attendant
mieux. — De la révolution que ça vous avait
fait, vous êtes tombée malade; nous vous avons
soignée... vous ne pouviez pas travailler
nous avons travaillé pour vous... v'là tout.

MARGUERITE. Non, Louisette, vous n'avez
pas travaillé...

LOUISETTE. Comment?

MARGUERITE. Michel et toi, vous avez passé
toutes les nuits à me veiller... Aussi, le jour,
la fatigue, le sommeil vous accablaient... Et
cependant, il fallait subvenir à un surcroît de
dépenses... aux visites du médecin... aux mé-
dicaments... Vos épargnes à tous deux y
ont bien vite passé; puis, comme le gain ne
venait pas, il a fallu avoir recours à d'autres
ressources... Tout ce que possédait Michel,
tout ce que tu possédais toi-même a été vendu
ou engagé...

LOUISETTE, *voulant nier.* Mais...

MARGUERITE. Je le sais.

LOUISETTE, *avec embarras.* Eh bien...
dame!... c'est vrai!... mais bah! le beau
malheur!... Aujourd'hui, grâce au ciel, vous
v'là rétablie... nous allons tous trois nous remettre à la tâche: quelques bonnes commissions d'un côté.. les oranges de l'autre... et
le temps perdu sera bientôt rattrapé.

MARGUERITE. Oui, c'est ce que j'espérais
hier... mais ce matin, pendant que vous
étiez absents, sais-tu ce qu'on a apporté?

LOUISETTE. Quoi donc?

MARGUERITE. Un papier timbré.

LOUISETTE. Un papier timbré!

MARGUERITE. Si dans vingt-quatre heures
Michel n'a pas payé les deux termes de loyer
qu'il doit, non-seulement on le chasse, mais on
saisit le peu de meubles qui lui restent encore.

LOUISETTE. Ah! mon Dieu! que m'appre-
nez-vous là?

MARGUERITE. Et je pourrais rester calme,
indifférente, après un pareil dévouement? Oh!
non, je veux sauver Michel... c'est cinquante
francs qu'on lui réclame... eh bien, cette
somme, je l'emprunterai... j'engagerai à mon
tour... Viens, Louisette, viens!... (*Elles se di-
rigent vers le bureau d'engagements; mais
elles s'arrêtent étonnées à la vue de Michel qui
en sort.*)

LOUISETTE et MARGUERITE, *à part.* Michel!

SCÈNE III.

LES MÊMES, MICHEL, *avec son paquet.*

MICHEL, *à lui-même.* Rien... ils n'ont rien
voulu me prêter!... pas même trois francs!...
(*Il jette son paquet avec désespoir.*)

MARGUERITE, *s'approchant.* Mon ami...

MICHEL, *interdit.* Marguerite! Louisette!..
vous ici!

MARGUERITE, *montrant le paquet.* Encore un
sacrifice que vous vouliez me faire!...

MICHEL, *embarrassé.* Mam'zelle!...

LOUISETTE, *à part.* Braves cœurs!... ils
avaient eu tous deux la même pensée...

MICHEL, *cherchant à se remettre.* Mais non,
vous vous trompez, mam'zelle... je venais
pour... c'était une commission que...

MARGUERITE. Ah! ne cherchez pas à me
tromper... à me cacher plus longtemps votre
position... on vous poursuit... on veut vous
chasser de votre demeure.

MICHEL. Est-il possible!... (*Avec accable-
ment.*) Ah! voilà le dernier coup!

MARGUERITE. Ne vous désolez pas, Michel!...
nous trouverons cet argent.

MICHEL. Et comment?

MARGUERITE, *ôtant une petite croix d'or at-
tachée à son cou.* J'engagerai cette croix.

MICHEL, *vivement.* Cette croix!... cette croix
que vous portez depuis l'enfance... la seule
chose qui vous reste de votre famille... cette
croix que vous avez tant de fois couverte de
vos baisers et de vos larmes... vous vous en
sépareriez?

MARGUERITE. Oui, pour vous sauver, Michel.

MICHEL. Oh! je n'accepte pas ça, mam'zelle...
Ces choses-là, voyez-vous, c'est sacré!... et
d'ailleurs, cette croix, qui a tant d' valeur à
vos yeux, n'en aurait qu'une bien petite à
ceux des prêteurs... c'est tout au plus si l'on
vous donnerait là-dessus le dixième de la
somme dont nous avons besoin...

MARGUERITE. Quoi!... vous pensez?...

MICHEL. J'en suis sûr.

LOUISETTE. Oui... oui, il a raison.

MARGUERITE, *pleurant.* O ciel!... et moi
qui espérais!... Mais que devenir?... Que
faire?... Chassé! vendu! et pour moi!...
Ah! mon Dieu!... Qui donc viendra à notre
secours?

SCÈNE IV.

LES MÊMES, PAUL, *qui depuis un moment est
sorti du bureau et, en apercevant Marguerite, s'est arrêté sur le seuil pour écouter.*

PAUL, *s'avançant.* Moi... si vous le permettez, Marguerite!

MICHEL et LOUISETTE. Lui!...

MARGUERITE. Que vois-je!... Vous, monsieur!

PAUL. Vous me reconnaissez?

MARGUERITE. Puis-je avoir oublié celui qui
m'a défendue, sauvée?

MICHEL. Eh! oui, je vous remets!... Vous
êtes ce brave jeune homme, qui, un soir, rue
Richelieu, avez pris sa défense contre ce misérable qui l'insultait.

PAUL. C'est cela!

LOUISETTE. Pardine, oui, qu'elle se souvient
de vous... Elle m'en a parlé assez souvent.

PAUL. Il se pourrait!

MARGUERITE, *comme pour la faire taire.*
Louisette!

PAUL. Pourquoi vous en défendre?... Moi,
non plus, je ne vous avais pas oubliée...

MARGUERITE. Vraiment?...

PAUL. Depuis notre rencontre, tous les jours
j'ai songé à vous... J'ai désiré vous retrouver.

MARGUERITE. Moi, monsieur?...

PAUL. Oh! béni soit le hasard, ou plutôt la Providence... car c'est elle qui me conduit toujours sur vos pas au moment du danger !

MARGUERITE. Comment?...

PAUL. J'ai tout compris... tout deviné... Tout à l'heure le chagrin de ce brave garçon en essuyant un refus... et maintenant votre désespoir, vos larmes... Marguerite, vous êtes malheureuse! Eh bien, laissez-moi le bonheur de vous obliger...

MARGUERITE. M'obliger...

PAUL. Prenez cet argent.

MARGUERITE. Monsieur !...

MICHEL. Mais vous-même, vous venez de l'emprunter.

PAUL. Oui, pour l'employer à satisfaire un caprice... pour le faire servir à quelque folie... ne vaut-il pas mieux le consacrer à une bonne action! Prenez, Marguerite, prenez!...

MARGUERITE, refusant. Merci, monsieur... Je vous sais gré de votre généreuse obligeance... mais accepter un tel service... je ne puis... je ne dois pas...

PAUL. Et pourquoi?

MARGUERITE, hésitant. Mais... parce que...

LOUISETTE. Dame... parce que... de l'argent... c'est bien vétilleux!...

PAUL. Et cependant ce service que vous refusez de moi, vous étiez décidée à le demander à des étrangers...

MARGUERITE. Oh! c'est bien différent.

PAUL. Comment?...

MARGUERITE. Je ne recevais pas, j'empruntais.

MICHEL. C'est clair!

PAUL. Eh bien! c'est un prêt que je veux aussi vous faire.

MARGUERITE. Un prêt?

PAUL. Sans doute. Traitez-moi comme vous eussiez traité un étranger... comme vous eussiez traité ces hommes... Je ne vous demande pas d'autre faveur, Marguerite.

MARGUERITE, hésitant. Mais... ces hommes... contre leur argent je leur aurais laissé un gage.

PAUL. Eh bien, ce gage, remettez-le-moi.

MARGUERITE. A vous?

PAUL. Je jure de ne le considérer que comme un nantissement, un dépôt... et de ne vous le rendre que lorsque vous me rapporterez cette somme.

MARGUERITE, hésitant encore. Mais... cet objet qui a tant de prix pour moi... car c'est à la fois un souvenir et une espérance... est presque sans valeur pour d'autres.

PAUL. Qu'importe, puisque je ne dois pas m'en dessaisir ?... sa valeur réelle est celle que vous lui donnez...

LOUISETTE. C'est vrai.

PAUL. Plus il vous est cher, plus je suis sûr que vous viendrez le reprendre. Vous voyez donc, mademoiselle, que c'est simplement une avance que je vous fais.

MARGUERITE. Certainement... je sais bien, mais...

PAUL. De grâce, ne me refusez pas, Marguerite, ne repoussez pas la main que je vous tends loyalement... celle d'un ami... d'un frère... Oui, cela peut vous sembler étrange, car je vous connais à peine; et pourtant il m'intéresse à vous, et je m'estimerais heureux, bien heureux de vous être utile. Je n'ai, croyez-le bien, aucune arrière-pensée; je ne suis guidé que par le désir de vous venir en aide. La preuve, c'est que je m'engage sur l'honneur à ne pas chercher à vous rencontrer, à ne plus vous revoir... Un souvenir de vous, mon nom prononcé parfois dans vos prières, voilà tout ce que j'espère, tout ce que je réclame.

MICHEL, à part. Brave jeune homme!

LOUISETTE, s'essuyant les yeux. J'suis tout attendrie!...

PAUL. Et maintenant... hésiterez-vous encore ?... Et maintenant, me ferez-vous le chagrin, l'injure de refuser?...

MARGUERITE. Eh bien, non!... non!... Comme cela j'accepte, car vous êtes un noble

cœur, et il s'agit de sauver ceux qui m'ont secourue... qui se sont sacrifiés pour moi. (A Paul.) Voici ma croix, monsieur.

PAUL, avec émotion. Votre croix ?...

MARGUERITE. Un jour, nous irons vous la redemander... quand mon travail m'aura mise à même de m'acquitter envers vous.

MICHEL. Oh! nous travaillerons tous pour ça.

LOUISETTE. Oui, oui, tous!..... et de grand cœur!.....

MARGUERITE, à Paul. Où pourrai-je vous reporter cette somme?

PAUL, lui donnant une carte. Voici mon nom, mon adresse.

MARGUERITE. Michel, courez chez votre créancier.

MICHEL. Oui, mam'zelle, oui.....

MARGUERITE, à Paul, en lui tendant la main. Et vous, monsieur, si noble, si généreux, soyez béni par nous... et au revoir!

PAUL, s'inclinant. Au revoir, mademoiselle!

MICHEL. Oh! oui, monsieur, au revoir!..... au revoir!... (Il serre avec force la main de Paul et sort par le fond avec Marguerite et Louisette. Au même instant la cour se garnit de monde et Bougival sort précipitamment du bureau des engagements.)

SCÈNE V.

PAUL, BOUGIVAL, HOMMES et FEMMES, entrant de tous les côtés.

BOUGIVAL, criant. C'est une horreur !... c'est une infamie!

PAUL. Qu'y a-t-il?

BOUGIVAL. Je suis volé... indignement volé!... (Les passants s'approchent et écoutent avec curiosité.)

PAUL. Volé!

BOUGIVAL, montrant son lorgnon. Les diamants sont du strass... l'or est du chrysocale... et mon général grec est un vieux filou. (Rire général.) Ah! les rues de Paris!... les rues de Paris!... (La foule s'éloigne en riant. — Mouvement général.)

ACTE V.
Sixième Tableau.
La rue aux Fers.

(Le premier plan est occupé par la rue. Au deuxième plan, deux boutiques de liquoriste sont ouvertes et séparées par un mur très-léger. Ces boutiques, dont l'une, celle de gauche, forme le coin de la rue aux Poirées, que l'on aperçoit dans sa longueur, ne prennent que la moitié de la hauteur du théâtre, l'autre moitié est occupée par le premier étage des maisons. Au-dessus des boutiques, des lanternes allumées et portant ces mots : On loge à la nuit, Débit d'eau-de-vie, Liqueurs, etc. Dans l'intérieur des boutiques, au premier plan, des tables, des tabourets; au fond le comptoir, des quinquets ou des chandelles les éclairent, Des maraîchers, des mareyeurs sont à boire à la porte des boutiques, d'autres, étendus à terre sur de grands sacs de légumes, dorment dans l'espace réservé à la rue aux Poirées, qui est plongée dans l'obscurité. - Tableau animé des environs de la Halle entre 3 et 4 heures du matin.)

SCÈNE PREMIÈRE.

MARAICHERS, MAREYEURS, buvant et causant entre eux. POUSSARD, dans la rue, étendu sur un sac de légumes et dormant. La boutique de gauche est tenue par un homme, celle de droite par LA MÈRE BOIREAU.

PREMIER MARAICHER, dans la boutique de droite. Allons donc, la mère, allons donc!... Est-ce que vous dormez?

LES AUTRES, frappant sur la table. Eh! mère Boireau!

LA MÈRE BOIREAU, qui dormait dans son comptoir, s'éveillant. Voilà! voilà! u'est-ce qui vous faut?

PREMIER MARAICHER. Une seconde tournée.

LA MÈRE BOIREAU. Qué tas de soiffeurs vous faites!... y a pas moyen de rester une minute tranquille. (Elle leur verse à boire.)

PREMIER MARAICHER. A vot' santé, les amis! (Ils trinquent.)

UN ACHETEUR, arrivant par la gauche avec un Maraîcher. Ah çà! voyons, est-ce convenu? Vos trois sacs de pommes de terre pour seize francs.

LE MARAICHER. Mais vous paierez la goutte?

L'ACHETEUR. Soit... entrons.

LE MARAICHER, entrant dans la boutique de gauche. Père Mélange, vivement, un demi-setier de vieille en deux verres. (Le Liquoriste les sert, ils boivent debout au comptoir.)

POUSSARD, s'éveillant, il est très-gris. A boire!

LE MARAICHER, se retournant. Ah! tiens!.... v'là Poussard qui se réveille.

LE LIQUORISTE, au Maraîcher. Il a son jeune homme c'te nuit.

LE MARAICHER. Bah !... comme d'habitude... Il n'quitte jamais la Halle sans être un peu pochard.

POUSSARD. A boire donc, que j' dis! (tapant sur la table.) Eh! la boutique!

LE LIQUORISTE, s'approchant de lui avec douceur. Allons, allons, père Poussard, faut être raisonnable... Vous avez assez bu comme ça.

POUSSARD. De quoi, assez bu! J'ons encore soif.

LE LIQUORISTE. Je vous ai déjà servi huit petits verres et...

POUSSARD. Eh ben... après?... Quoi que tu réclames, toi, clampin?... Est-ce que je te les ons pas payés, tes huit petits verres?

LE LIQUORISTE. Je ne dis pas... mais...

POUSSARD. J'suis un honnête homme, moi!... j' suis d'Fontenay aux Roses.

LE LIQUORISTE. Possible!... mais vous n'aurez plus rien.

POUSSARD. Plus rien!... (Se levant et trébuchant.) Ah! c'est comme ça que ça se joue... Eh bien, nous allons voir ! (Il s'avance avec colère vers le Liquoriste.)

LES MARAICHERS, cherchant à le calmer. Père Poussard !

POUSSARD, criant. De l'eau-de-vie, tout de suite! ou je cogne! (Il lève le bras. — On s'interpose.)

SCÈNE II.

LES MÊMES, RÉGULUS.

RÉGULUS, entrant. Eh bien, eh bien! on a des mots avec les amis!

LE LIQUORISTE. Tiens! c'est monsieur Régulus.

TOUS. Régulus !

LA MÈRE BOIREAU, qui est sur le devant de sa porte, et à part. Ma mauvaise pratique !

RÉGULUS. Ah çà! qu'est-ce qui se passe donc ici, mère Boireau ?..

LA MÈRE BOIREAU. C'est Poussard le maraîcher qui est paf et qui fait le méchant.

RÉGULUS, à Poussard. Ah, bah! c'est nous qui cherchons dispute à papa?.. Tiens! à nous deux!... (Faisant des armes avec son bambou.) Pare moi c'te botte là... et celle-ci !... une!... deux!... une! deux! (A chaque coup il attrape Poussard qui trébuche.)

POUSSARD. Je suis un honnête homme... Je suis d' Fontenay aux Roses.

RÉGULUS, lui portant une dernière botte. Eh bien, moi, je suis de la rue du Reposoir... (Poussard perd l'équilibre et va rouler sous une table où il s'endort.) Eh! allez donc vous asseoir !

TOUS, riant. Ah! ah! ah!

LE LIQUORISTE, lui tapant le ventre. Satané Régulus, va! toujours gai! toujours farceur!...

RÉGULUS. Toujours!... faut ben rire un peu pour émailler le chemin de la vie.

PREMIER MARAICHER. Nous v'là donc à la Halle, c'te nuit?

RÉGULUS. Ma foi, oui... c'est là que j'ai élu mon domicile politique... La Halle, parlez-moi de ça! A l'heure où Paris ferme ses cafés , la Halle ouvre les siens... Pas de nuit pour elle : c'est un lampion allumé au milieu d'une ville éteinte... un grand œil qui rit sur un visage morne... La Halle! c'est la Bourse du maraîcher, la ressource du flâneur nocturne et l'oasis du chiffonnier... Eh! allez donc! vive la Halle!

TOUS. Vive la Halle!

RÉGULUS.

RONDE.

Air nouveau de M. Artus.

PREMIER COUPLET.

Amis, vive la Halle !
Lieu d' commerce ou d' loisir,
Là le travail s'étale
A côté du plaisir.
Quand la ville sommeille,
Sous son gaz tremblotant,
La Halle se réveille,
Et se lève en chantant :
Hohé !

TOUS.

Hohé !

RÉGULUS.

Toujours du bruit, toujours des cris,
Voilà la Halle de Paris !

TOUS.

Toujours du bruit, toujours des cris, etc.

RÉGULUS.

DEUXIÈME COUPLET.

Point d'orgueil à la Halle !
Chiffonnier ou pékin,
Toute bouche est égale
Devant un arlequin.
On s' dispute, c'est de mode,
On se poche un quinquet,
Puis on se le raccommode
Chez monsieur Paul Niquet.
Hohé !

TOUS.

Hohé !

RÉGULUS.

Toujours du bruit, toujours des cris,
Voilà la Halle de Paris !

TOUS.

Toujours du bruit, toujours des cris, etc.

RÉGULUS.

TROISIÈME COUPLET.

Accourez, locataires
Dont les portiers sont sourds,
Et vous, retardataires
Du bal ou des amours !
Hôtesse peu musquée,
La Halle offre, à minuit,
Le gîte et la becquée,
Aux oiseaux de la nuit.
Hohé !

TOUS.

Hohé !

RÉGULUS.

Toujours du bruit, toujours des cris,
Voilà la halle de Paris.

TOUS.

Toujours du bruit, toujours des cris, etc.

(On entend une cloche.)

PREMIER MARAICHER, *se levant.* Ah ! la cloche du marché.

TOUS LES MARAICHERS. A nos affaires ! *(Ils achèvent leurs verres et ils payent la consommation.)*

RÉGULUS. Moi, avant de me coucher, je vais me gargariser avec une douzaine d'huîtres... Faut avoir soin de mon diamant !

PREMIER MARAICHER. Allons, les enfants, au carreau de la Halle !

TOUS. Au carreau de la Halle ! *(Ils sortent, ainsi que Régulus, en reprenant le refrain de la ronde. Il ne reste plus en scène que Poussard, qui continue à dormir, le Liquoriste et la mère Boireau qui rangent les tabourets, les verres, etc., etc. Bientôt on voit arriver par la droite Michel, donnant le bras à Marguerite, et suivi de Louisette qui porte un éventaire vide.)*

SCÈNE III.

POUSSARD, *dormant;* LE LIQUORISTE *et* LA MÈRE BOIREAU *allant et venant dans les boutiques ;* MICHEL, MARGUERITE *et* LOUISETTE *sur le devant de la rue.*

MICHEL. Nous y voilà, mam'zelle Marguerite.

LOUISETTE. C'est ici, à la Halle, qu'on s'approvisionne tous les matins... Dame !... faut s' lever de bonne heure... le premier arrivé a la plus belle marchandise.

MICHEL, *à Marguerite.* Comme ça, mam'zelle, vous êtes décidée ?...

LOUISETTE. Vot' résolution est bien prise ?

MARGUERITE. Oui, mes amis, et je vous remercie de m'aider à l'accomplir... Rentrer chez les autres... Oh ! non, j'ai trop souffert de cette première épreuve... Je veux être libre,

indépendante.... à l'abri des humiliations. Louisette m'a proposé de vendre des fleurs... de me faire bouquetière... et j'ai accepté... Du moins je pourrai me suffire à moi-même... je ne serai plus à votre charge...

MICHEL, *vivement.* Ne parlons pas de ça, mam'zelle... Mais vous sentez-vous assez de courage pour mener cette existence-là ? L'apprentissage vous paraîtra peut-être bien rude... vous, si douce, si timide, il vous faudra tenir tête aux acheteurs, écouter des propos pas toujours bien polis...

LOUISETTE. Bah ! on s'y fait... je m'y suis bien faite, moi.

MARGUERITE. Oui... oui... soyez tranquille, je m'y ferai.

LOUISETTE. D'ailleurs, je serai là... je ne la quitterai pas... et si quéqu'un s'émancipe... j'ai pas ma langue dans ma poche.

MARGUERITE. Enfin, que voulez-vous ? N'est-ce pas à peu près ma seule ressource ?

MICHEL. Hum !... il y en avait bien une autre, mam'zelle... une autre que je vous avais proposée.

MARGUERITE. Oui... cette dame... cette bonne dame... que je n'ai vue qu'une fois, et qui m'a témoigné tant d'intérêt.

MICHEL. Pourquoi n'avez-vous pas été la voir ? Elle aurait pu vous être utile...

MARGUERITE. La voir !... Oh ! j'en avais bien envie... et ça m'eût rendue bien heureuse... mais comment oser me présenter chez elle, après...

MICHEL. Compris !... après c'te maudite accusation.

MARGUERITE. Le monsieur qui l'accompagnait a dû l'en instruire... et pour rien au monde, je ne voudrais rougir à ses yeux... soupçonnée, méprisée, par elle qui m'a souri avec tant de bonté... Oh ! jamais... jamais...

MICHEL. En ce cas, il ne s'agit donc plus que de faire des emplettes... de vous acheter un fonds de marchandise en plein vent.

LOUISETTE. Un bel éventaire comme le mien.

MICHEL. Et les fleurs les plus fraîches... tout ce que le printemps aura fait de mieux.

MARGUERITE. Bon Michel !

MICHEL. Et quant au reste... eh bien... à la grâce de Dieu.

MARGUERITE. Oui, vous avez raison, Michel... à la grâce de Dieu ! *(Ils sortent par la gauche ; au même instant, Régulus arrive par la droite.)*

SCÈNE IV.

RÉGULUS, LA MÈRE BOIREAU, LE LIQUORISTE, POUSSARD, *endormi.*

RÉGULUS, *entrant les mains dans ses poches, et à part.* Quatre heures passées !... Je crois qu'il est temps d'aller casser une canne. *(Entrant dans la boutique de droite.)* Rebonsoir, mère Boireau.

LA MÈRE BOIREAU. Ah ! c'est encore vous... mauvais sujet !

RÉGULUS. Eh bien, c'est comme ça que vous recevez un locataire ?

LA MÈRE BOIREAU. Un locataire !

RÉGULUS. Bédame ! puisque pour le moment je demeure dans votre garni... je tombe de sommeil !... Où donc est ma clef ?

LA MÈRE BOIREAU. D'abord, avez-vous de l'argent ?

RÉGULUS. Pas un monaco !

LA MÈRE BOIREAU. En ce cas, mon fiston, tu peux aller coucher ailleurs.

RÉGULUS. Et où donc ? à l'auberge de la Belle Étoile ?

LA MÈRE BOIREAU. Ça ne me regarde pas... v'là déjà six mois que vous me devez... et ma foi, assez de crédit comme ça.

RÉGULUS. Excusez !... en v'là un genre peu écossais.

Chez les montagnards écossais
   L'hospitalité se donne,
   Et ne se vend... end... jamais !

LA MÈRE BOIREAU. Possible ; mais moi, je ne loge pas gratis.

RÉGULUS. Voyons, mère Boireau, vous ne

me laisserez pas coucher dans la rue... c'est défendu par les règlements de police...

LA MÈRE BOIREAU. Ce n'est pas mon affaire !

RÉGULUS. Demain j'irai voir mon banquier, je vous donnerai un à-compte.

LA MÈRE BOIREAU. Bah ! toujours la même chanson.

RÉGULUS. Vous me laisserez bien du moins attendre le jour dans vot' boutique, tout en fumant ma pipe ?

LA MÈRE BOIREAU. Oh ! quant à ça... je veux bien...

RÉGULUS. C'est heureux ! *(Il s'assied près d'une table, bourre sa pipe et se met à fumer.)*

BOUGIVAL, *en dehors.* Arrivez donc... arrivez donc... traînards !...

SCÈNE V.

LES MÊMES, BOUGIVAL, PAUL. *(Ils entrent par la droite, Bougival est dans une demi-ivresse, le faux-col de travers, la figure animée.)*

PAUL, *entrant le dernier et à part.* Je ne me trompe pas, c'est elle... c'est Marguerite !...

BOUGIVAL. Mais venez donc, monsieur Paul, qu'est-ce que vous avez à regarder derrière vous ?

PAUL, *à part.* Elle ici... à pareille heure !... *(Haut.)* Pardon, cher monsieur Bougival, mais il est temps de nous quitter.

BOUGIVAL. Nous quitter... déjà ?

PAUL. Sans doute... vous désiriez voir la Halle, souper au cabaret...

BOUGIVAL. Oh, oui ! c'est amusant... c'est régence !...

PAUL. En ma qualité de Parisien, je vous ai proposé de vous servir de cicerone.

BOUGIVAL. Et c'est très-gentil de votre part... on est très-bien chez ce monsieur Philippe, de la rue Montorgueil, je trouve que son souterne était généreux... Nous avons passé une nuit délirante.

PAUL. Eh bien alors, vous devez être satisfait... rentrons.

BOUGIVAL. Oh ! non, je vous en prie... ne rentrons qu'après-demain soir... je suis en train de m'amuser... de faire des farces. J'ai lu les *Mystères de Paris,* moi !... On lit les *Mystères de Paris* à Lons-le-Saulnier... et je veux aller chez Paul Niquet.

PAUL. Quelle folie !

BOUGIVAL. Je veux trouver le Chourineur !... je suis le Prince Rodolphe, moi ! Oh ! je vais lui donner les coups de poing de la fin, au Chourineur.

UNE MARCHANDE DE MARÉE, *passant.* La raie tout' en vie !... La raie tout' en vie !

BOUGIVAL. Oh ! une bonne farce, vous allez voir. *(S'approchant de la Marchande.)* Dites donc, la marchande, est-il frais, votre poisson ? *(Il se pince le nez.)*

LA MARCHANDE. Il est p'us frais que toi, sapajou ! Voyez donc c'imbécile.

BOUGIVAL. Oh ! la jolie marchande de morue ! Oh ! faut que je lui dérobe quelque chose. *(Il veut lui prendre la taille.)*

LA MARCHANDE. Oh ! tu fais le gentil !... tiens ! *(Elle lui donne un soufflet et sort.)*

BOUGIVAL, *se tenant la joue et riant.* Oh ! je m'amuse-t-y ! je m'amuse-t-y !

PAUL, *riant.* Vous voyez, mon cher Bougival, l'air du quartier n'est pas sain pour vous... croyez-moi, partez !...

BOUGIVAL. Non, non, je veux aller chez Paul Niquet ! Paul Niquet, ou la mort !

PAUL, *à part.* Ne l'abandonnons pas, il lui arriverait quelque malheur... d'ailleurs, j'ai promis de l'éviter, de ne plus la voir !... *(Haut.)* Allons, monsieur Bougival, puisque vous y tenez absolument... chez Paul Niquet !

BOUGIVAL. Chez Paul Niquet ! *(Ils sortent par la droite.)*

SCÈNE VI.

RÉGULUS *et* LA MÈRE BOIREAU, POUSSARD, *endormi ; puis* DUBREUIL.

RÉGULUS, *qui, pendant ce qui précède, a fumé d'un air pensif, la tête appuyée sur sa main,*

la porte de la boutique de droite. Chez Paul Niquet!... Ils sont bien heureux!... Moi, pas le sou!... et pas de domicile!... Ah! la position manque de grâce!... Qu'est-ce que je vas devenir?... (*En cet instant, Dubreuil, vêtu d'un ample paletot, la figure à moitié cachée par une grosse cravate de laine, le chapeau rabattu sur les yeux, entre par la droite. Il regarde de tous côtés et semble chercher quelqu'un. — En apercevant Régulus, il fait un mouvement de satisfaction, et s'approche doucement.*) Comment, il ne se présentera pas quelque bonne aubaine?... quelque génie protecteur, comme dans les contes des fées, pour me dire...

DUBREUIL, *lui touchant l'épaule et à voix basse.* Régulus?

RÉGULUS, *surpris.* Hein?...

DUBREUIL, *baissant sa cravate.* Ne crains rien!... c'est moi.

RÉGULUS, *le reconnaissant.* Monsieur Dubr...

DUBREUIL. Chut! ne prononce pas mon nom.

RÉGULUS. Vous voilà?... Justement, je songeais à vous.

DUBREUIL. Et moi, je te cherchais.

RÉGULUS. Est-ce qu'il y aurait de l'argent à gagner?...

DUBREUIL. Peut-être.

RÉGULUS, *élevant la voix.* Eh! mère Boireau!... deux verres d'absinthe!

LA MÈRE BOIREAU, *hésitant.* Deux absinthes!... mais...

RÉGULUS, *montrant Dubreuil.* C'est monsieur qui paye...

LA MÈRE BOIREAU. Ah! c'est différent. (*Avant de servir.*) Dix sous?...

DUBREUIL, *fouillant à sa poche et jetant sur la table une pièce de monnaie.* Prenez! Laissez-nous!...

RÉGULUS, *à part.* Il paye ça dix sous... on voit bien que ce n'est pas un habitué... Enfin, il a le sac! (*La mère Boireau verse les deux verres d'absinthe. — Moment de silence. — Dubreuil et Régulus semblent attendre que la mère Boireau se soit retirée. — Celle-ci retourne à son comptoir et se rendort aussitôt. — Régulus se lève, s'approche du comptoir avec précaution, comme pour s'assurer du sommeil de la débitante, puis il revient.*)

RÉGULUS, *à Dubreuil.* Un vrai loir!... (*S'asseyant.*) De quoi s'agit-il?..

DUBREUIL, *très-bas.* Il s'agit de cette jeune fille.

RÉGULUS. Ah! bah!... cette poulette qui m'a échappé rue de Richelieu?...

DUBREUIL. Précisément.

RÉGULUS. Il paraît que ça vous tient au cœur!... Vous savez donc ce qu'elle est devenue?...

DUBREUIL. Oui, depuis quelques jours, j'épie toutes ses démarches.

RÉGULUS. Et elle est?...

DUBREUIL. Ici, à la Halle... où, depuis ce matin, elle vend des fleurs.

RÉGULUS. Tiens! comme ça se trouve!... Et vous voulez que je m'en empare, que je vous la livre?...

DUBREUIL, *se penchant à l'oreille de Régulus.* Je veux plus...

RÉGULUS. Et quoi donc?...

DUBREUIL. Je veux qu'elle disparaisse.

RÉGULUS. Hein?... (*Posant son verre.*) Un assassinat?... des coups de couteau?... merci! ça ne me va pas!... la cour d'assises!... bonsoir!... (*Il se lève.*)

DUBREUIL, *le suivant.* Imbécile!... Eh! qui te parle de... coups de couteau?... Ce sont les niais qui emploient de pareils expédients... Car on retrouve sur la lame le nom du coutelier, et chez le coutelier le nom ou le signalement de celui qui l'a acheté.

RÉGULUS. Sans doute.

DUBREUIL. Mais il est un autre moyen...

RÉGULUS. Et lequel?

DUBREUIL. Lis-tu les journaux?...

RÉGULUS. La *Gazette des Tribunaux,* quelquefois.

DUBREUIL. Eh bien, à l'article des Faits divers, ne t'est-il pas arrivé de lire qu'un homme, en passant dans la rue, avait été tué par une poutre ou une pierre détachée tout à coup d'un échafaudage?... qu'une jeune fille, une femme, un enfant avaient été broyés sous la roue d'une voiture... ou avaient péri en tombant de la planche d'un égout qu'on réparait?..

RÉGULUS. Mais, c'est là le fait du hasard... ce sont des accidents.

DUBREUIL. Oui, pour le vulgaire. Mais si une main invisible a fait tomber cette poutre... si une volonté a dirigé cette voiture, si un fil caché a fait chavirer cette planche... alors, en apparence, ce n'est pas l'homme qui est coupable, c'est la fatalité!... ce n'est pas l'homme qui a donné la mort, c'est la rue de Paris!...

RÉGULUS. Oui... oui... je comprends!... mais ce que vous proposez là n'est pas facile à exécuter... Comment préparer un hasard de cette nature?...

DUBREUIL. Je l'ignore... et ce n'est pas mon affaire. Tout ce que je sais, c'est que le jour où j'apprendrais qu'une bouquetière du nom de Marguerite a péri victime d'un accident, ce jour-là même, je te donnerais vingt mille francs...

RÉGULUS, *émerveillé.* Vingt mille francs!...

DUBREUIL. Silence donc! Réfléchis, cherche, invente... Si tu as besoin de me revoir, dans une heure, je serai là au coin de la rue aux Fers... (*Il désigne la gauche, puis, très-haut avec une intention marquée.*) Ainsi, c'est convenu? jeudi prochain aux Barreaux verts, à Ménilmontant, pour déjeuner... Tu demanderas le Balochard... (*Bas.*) Dans une heure!

RÉGULUS, *bas.* Dans une heure! (*Dubreuil s'éloigne par la gauche. Régulus, pensif, vient s'asseoir sur des sacs placés devant les boutiques.*)

SCÈNE VII.

LES MÊMES, excepté DUBREUIL, puis MARGUERITE et LOUISETTE.

RÉGULUS, *à part.* Vingt mille francs!... Ce serait une fortune... plus de soucis!... plus de misère!... Oui... mais un crime... hum!... c'est cher!... (*Il se met à réfléchir profondément. Le jour vient par degrés. Entrent Marguerite et Louisette, l'une avec un éventaire couvert de fleurs, l'autre avec des oranges sur le sien.*)

LOUISETTE. La!... c'est fini, mamzelle... vous v'là établie!... maintenant il ne s'agit plus que de débiter notre marchandise...

MARGUERITE. Oui, oui... ma bonne Louisette!... mais Michel, où donc est-il? pourquoi nous a-t-il quittées?...

LOUISETTE. Il est allé su' le marché voir s'il ne trouverait pas quèque commission à faire... quèque fardeau à porter... mais il ne tardera pas à nous rejoindre... Allons, du courage, mam'zelle Marguerite...

RÉGULUS, *levant la tête et à part.* Marguerite!

LOUISETTE. Si vous voulez vendre, faut sourire aux passants...

MARGUERITE. Sourire?...

LOUISETTE. Dame, oui, faut leur sourire un brin... Ils aiment ça, et ça n'engage à rien... et puis, faut crier de votre petite voix douce: Fleurissez-vous, messieurs... mesdames!... La belle violette qu'embaume!... (*A Marguerite.*) Allons!... Mais allons donc!... (*Criant d'une voix flûtée:*) La belle violette!... fleurissez-vous!... (*D'une voix rauque.*) La fine orange! l'beau Portugal!... (*Elles s'éloignent par le fond.*)

RÉGULUS, *qui s'est avancé sur le devant de la scène pour voir Marguerite, à part.* Elle est là!... Ce serait une occasion! Mais quel moyen inventer?... (*Il retombe dans ses réflexions; on entend de nouveau la cloche; puis, il se fait un grand tumulte au dehors. — Plusieurs maraîchers entrent et traversent le théâtre.*)

SCÈNE VIII.

RÉGULUS, POUSSARD, LA MÈRE BOIREAU, LE LIQUORISTE, PLUSIEURS MARAÎCHERS, UN INSPECTEUR.

PREMIER MARAÎCHER. Allons, allons, vivement!... faut déblayer les alentours de la Halle!... faut emmener les carrioles. (*Il sort avec d'autres Maraîchers. Bruit de voix et de voitures au dehors. On entend les coups de fouet et les jurons des paysans.*)

LE LIQUORISTE. Tiens!... et le père Poussard qui dort toujours!... (*Le secouant.*) Eh! père Poussard!...

UN INSPECTEUR, *entrant.* Eh bien, à qui donc cette charrette qui stationne encore au coin de la rue Montorgueil?

LE LIQUORISTE et LA MÈRE BOIREAU. Une charrette?...

L'INSPECTEUR. Oui, la charrette numéro trente-quatre.

LE LIQUORISTE. Eh! justement, c'est à lui...

L'INSPECTEUR. A qui?...

LE LIQUORISTE. Au père Poussard... (*Le secouant.*) Père Poussard!...

LA MÈRE BOIREAU, *de même.* Père Poussard!... Je vas vous dire, mon inspecteur, c'est qu'il est un peu gris...

LE LIQUORISTE. Et il dort.

L'INSPECTEUR. Qu'il se dépêche de se réveiller... ou j'envoie sa voiture en fourrière...

LA MÈRE BOIREAU. Oh! mon Dieu!... c'est un si brave homme... (*Le secouant.*) Eh! père Poussard!... (*à Poussard, qu'elle secoue*) levez-vous!...

TOUS. Réveillez-vous donc!...

LA MÈRE BOIREAU. Est-ce qu'il n'y a personne pour le conduire jusqu'à sa voiture?...

RÉGULUS, *à part.* Quelle idée!... (*S'approchant.*) Si fait!... me voilà, moi.

LE LIQUORISTE. Ah! oui, monsieur Régulus, vous qui êtes un bon enfant, rendez-lui donc ce service-là...

RÉGULUS. Volontiers!.. (*S'approchant de Poussard, qu'il soulève.*) On vient de sonner la cloche... on va mettre votre voiture en fourrière... en route!...

POUSSARD, *criant.* J' suis un honnête homme!... j' suis d' Fontenay aux Roses.

RÉGULUS, *le poussant.* Mais venez!... venez donc!... (*Il l'emporte presque dans ses bras, et sort avec lui par le fond.*)

SCÈNE IX.

LE LIQUORISTE, LA MÈRE BOIREAU, BOUGIVAL, PAUL, puis LES MARAÎCHERS et POUSSARD, puis MICHEL, et enfin DUBREUIL et RÉGULUS.

BOUGIVAL, *entrant par la droite; il a un œil poché, le chapeau déformé, les vêtements déchirés.* Ah! c'est le Chourineur qui m'a donné le coup de poing de la fin!...

PAUL. Je vous avais prévenu!... vous n'avez pas voulu m'écouter. (*Grands cris à gauche.*)

BOUGIVAL. Allons, bon!... des cris!... des bagarres!... Je sors d'en prendre!... Bonsoir! je vas me coucher!... (*Il sort; Paul va pour le suivre; mais au même instant, le tumulte et les cris augmentent. — On voit entrer en scène des maraîchers, des marchandes de la Halle.*)

PAUL, *qui s'est arrêté.* Qu'est-ce donc?... qu'est-il arrivé?...

VOIX AU DEHORS. Arrêtez!... arrêtez-le!.. (*Entre Poussard, tenu au collet par des gens du peuple et par l'Inspecteur. — Dubreuil paraît à droite et observe à l'écart.*)

POUSSARD, *criant et se débattant.* Lâchez-moi!... Voulez-vous me lâcher!...

VOIX DANS LA FOULE. Non!... non! chez le commissaire!

UN HOMME DU PEUPLE. V'là ce que c'est que de laisser conduire des charrettes par des ivrognes... Le cheval s'emporte, et il arrive des accidents, des malheurs!

MICHEL, *qui vient d'entrer par la droite.* Un malheur?... à qui donc?

LOUISETTE, *accourant, pâle, émue, par le fond.* Ah! Michel! Michel!

MICHEL. Mon Dieu!... qu'y a-t-il?

LOUISETTE. Marguerite...

PAUL. Marguerite?...

LOUISETTE. La pauvre fille!

MICHEL. Eh bien?...

PAUL. Parlez !... parlez donc !...

LOUISETTE. Renversée par une voiture... pressée sous la roue...

MICHEL. Ah ! courons !... courons ! (*Il sort par le fond avec Paul et Louisette. — Au même instant Régulus, très-pâle, entre par la droite et se glisse près de Dubreuil, qui a paru depuis quelques instants.*)

DUBREUIL, *bas.* Toi ?... Eh bien ?...

RÉGULUS, *bas, d'une voix défaillante.* J'ai sauté de la voiture pendant qu'on arrêtait le maraîcher... C'est égal, je sens bien que c'est qui s'en va !...

DUBREUIL. Mais elle ?... Marguerite ?...

MICHEL, *entrant comme un fou.* Plus d'espoir !... blessée !... mourante !... (*Dubreuil et Régulus se tiennent immobiles sur le devant à gauche. — Tout le monde se tourne vers le fond à droite. — Alors on voit entrer, portée par Paul et Michel, Marguerite sans connaissance.*)

PAUL, *agenouillé près d'elle.* Ah ! maintenant je ne la quitterai plus !

ACTE VI.
Septième Tableau.

La rue de Rivoli. — Un riche salon au deuxième étage, ouvrant au fond par une grande porte-fenêtre sur un balcon en fer qui laisse voir la place du Louvre, le quai de l'École, la Seine et le quai Conti. Portes latérales. Riche ameublement, illuminée avec pendule. — Au lever du rideau la fenêtre du fond est ouverte, Régulus, en costume de badigeonneur, suspendu à des cordes qui passent devant le balcon est occupé à blanchir la façade extérieure de la maison.

SCÈNE PREMIÈRE.
RÉGULUS, BOUGIVAL, *en dehors,* puis DUBREUIL et un DOMESTIQUE.

RÉGULUS, *chantant en travaillant.*

C'est le jardin de Jenny l'ouvrière,
Au cœur content, content de peu
Elle pourrait...

BOUGIVAL, *dans la rue, hors de vue du public.* Ah ! saperlotte !... mais prenez donc garde là-haut !

RÉGULUS, *regardant en bas.* Tiens... un bourgeois que j'arrose... (*Criant.*) Fallait passer de l'autre côté ! La rue de Rivoli est large !

BOUGIVAL, *de même.* Mais je viens dans la maison ! imbécile ! butor ! animal ! (*La voix s'éteint.*)

RÉGULUS. As-tu fini ! (*Reprenant sa chanson.*)

Elle pourrait être riche, et préfère
Ce qui lui vient de Dieu.

(*A lui-même.*) Ah çà ! monsieur Dubreuil ne viendra donc pas ?... faut pourtant que je lui parle !... Ah !...

DUBREUIL, *entrant par la droite, des papiers à la main, et à un Domestique qui sort de la chambre de gauche.* Dumont, allez dire à mon fils de venir me parler.

RÉGULUS, *à part.* Il n'est pas seul !

LE DOMESTIQUE. Monsieur Paul n'est pas chez lui...

DUBREUIL. Sorti !... déjà ?...

LE DOMESTIQUE. Depuis quelque temps, on ne le voit que très-rarement.

DUBREUIL. Dès qu'il sera de retour, dites-lui que je le demande.

LE DOMESTIQUE. Oui, monsieur.

RÉGULUS, *chantant.*

Quand l'étranger se ruinait la France...

DUBREUIL. Fermez donc cette fenêtre. On ne s'entend pas ici... (*Le Domestique va mettre l'espagnolette.*) Comment va madame de Beaumesnil, ce matin ?

LE DOMESTIQUE. Mais assez bien, monsieur... elle m'a semblé plus calme.

DUBREUIL, *allant s'asseoir à gauche.* C'est bien !... Laissez-moi. (*Le Domestique sort.*) Oui, je crois que j'ai eu raison de la décider à quitter sa solitude de la rue de Varennes et de lui faire accepter un appartement chez moi... De cette façon, je pouvais surveiller ses démarches et les paralyser, au besoin !... Enfin, dans deux heures, madame de Beaumesnil consent à signer l'acte qui assure à mon fils toute sa

fortune... et, dans huit jours, le mariage de Paul avec mademoiselle de Nerval sera conclu... Je n'ai plus de comptes à rendre au conseil de famille, je n'ai plus à redouter la présence de Marguerite, je suis sauvé !

BOUGIVAL, *en dehors.* Au salon ? bien ! merci !

DUBREUIL, *se levant, avec impatience.* Quel-qu'un ?

BOUGIVAL, *entrant, couvert de taches de badigeon.* Satanés badigeonneurs ! m'en ont-ils flanqué !... (*A Dubreuil.*) Pardon, c'est moi.

DUBREUIL. Monsieur Bougival !

SCÈNE II.
DUBREUIL, BOUGIVAL.

DUBREUIL. Pardon, je suis fort occupé en ce moment, mon cher Bougival... veuillez bien vite me dire ce qui vous amène.

BOUGIVAL. Oh ! je ne vous retiendrai pas longtemps... je suis très-pressé aussi...

DUBREUIL. Alors, parlez... que voulez-vous ?

BOUGIVAL. D'abord, je voudrais... une brosse.

DUBREUIL. Comment ? (*Le regardant.*) Eh mais, en effet, dans quel état !...

BOUGIVAL. Oui, je suis bien gentil !... Venez donc rue de Rivoli !... C'est en entrant chez vous que j'ai été arrangé comme ça, et notez qu'il y avait là vingt autres passants sur qui ça aurait pu tomber de préférence... mais non ! pas une goutte !... c'est moi qui ai tout reçu. Quand je vous le disais... c'est un guignon ! c'est une destinée !...

DUBREUIL. Voyons, calmez-vous et apprenez-moi...

BOUGIVAL. Aussi, c'est fini !... j'en ai assez ! je pars.

DUBREUIL. Vous partez ?

BOUGIVAL. Oui, je retourne à Lons-le-Saunier... je jette cinq cents kilomètres entre Paris et moi... Oh ! je voudrais qu'il y en eût davantage ! je les y jetterais avec joie.

DUBREUIL. Fort bien !... Et vous veniez me demander ?

BOUGIVAL. Une centaine d'écus pour payer l'hôtel et parer aux frais de mon voyage.

DUBREUIL. Très volontiers !... Je vais vous donner un bon sur la caisse... (*Il va s'asseoir et écrit.*)

BOUGIVAL. Vous me sauvez la vie !... Enfin, je vais donc échapper à toutes mes tribulations ! aux voleurs qui vous chargent, aux fiacres qui vous versent, aux voleurs qui vous dévalisent... au macadam, aux généraux grecs et aux badigeonneurs ! A propos, croyez-vous que je trouve chez lui monsieur Paul ?

DUBREUIL. Mon fils ? je ne crois pas...

BOUGIVAL. J'aurais désiré lui serrer la main avant de... (*Regardant la pendule.*) Deux heures... et la voiture qui part à trois !... Je n'ai que le temps de faire mes préparatifs.

DUBREUIL. Certainement.

BOUGIVAL. Chargez-vous, je vous prie, de mes compliments pour lui.

DUBREUIL. Oui, oui, soyez tranquille.

BOUGIVAL. Adieu, mon cher monsieur Dubreuil... adieu, mon sauveur !

DUBREUIL. Adieu ! bon voyage !...

BOUGIVAL, *revenant.* Ah ! pardon, j'oubliais...

DUBREUIL, *avec impatience.* Qu'a-t-on ?

BOUGIVAL. Eh bien, là... (*Il fait le geste de brosser.*)

DUBREUIL. Dans l'antichambre, vous trouverez tout ce qu'il vous faut...

BOUGIVAL. Mille remerciements !... (*Il va pour sortir et s'arrête.*) Ah !

DUBREUIL. Quoi encore ?

BOUGIVAL, *après avoir hésité.* Non, rien...

DUBREUIL, *le poussant vers la porte.* Allez donc !

BOUGIVAL, *lui serrant la main avec effusion.* Ah ! tenez, monsieur Dubreuil, vous êtes le seul honnête homme que j'aie trouvé à Paris. (*Il sort par la droite.*)

SCÈNE III.
DUBREUIL, RÉGULUS, *entrant par la fenêtre qu'il a ouverte avec précaution.*

RÉGULUS. Enfin, vous êtes seul...

DUBREUIL. Régulus ! Que fais-tu ici ?...

RÉGULUS. Vous le voyez, je travaille...

DUBREUIL. Badigeonneur ?

RÉGULUS. Pour vous servir. Vous savez bien que, pour cela, je ferais tous les métiers...

DUBREUIL. Mais enfin...

RÉGULUS. Pas de bruit !... les ouvriers sont à dîner... Il me reste un quart d'heure, c'est plus qu'il n'en faut... A la besogne !... (*Il retourne à la fenêtre, et se met à desceller un des côtés de la balustrade.*) Le plâtre est encore frais... un côté de la balustrade à desceller, quelques écrous à ôter... et le tour est fait !...

DUBREUIL. Mais, misérable, m'expliqueras-tu...

RÉGULUS, *revenant à lui.* Ah ! monsieur Dubreuil, vous faites le mort !... on n'entend plus parler de vous que du grand-mogol... et quand on réclame le prix du mal qu'on s'est donné pour vous, vous répondez que vous ne devez rien, sous le frivole prétexte que la chose n'a pas réussi... Eh bien ! on réussira ! Faire une nouvelle tentative contre la jeune fille, c'était trop scabreux... La police a déjà pris le mors aux dents pour l'aventure de la rue Aux Fers... heureusement, il m'est venu une autre idée... Madame de Beaumesnil n'a pas encore retrouvé sa fille... que madame de Beaumesnil elle-même vienne à périr... par accident...

DUBREUIL. Par accident ?

RÉGULUS. Vous voyez que je sais profiter de vos leçons... Alors, nous arrivons au but que vouliez atteindre... ce secret est enseveli... vous héritez, vous et votre fils... et moi, je touche mes vingt mille francs !... Or, j'ai bien pris mes renseignements : c'est dans ce salon que, tous les jours, vers trois heures, cette dame a l'habitude de se rendre... Qu'un bruit de la rue, un brouhaha quelconque, et je saurai le faire naître, l'attire à ce balcon, et...

DUBREUIL. Un nouveau crime !... je ne le veux pas !... je ne le veux pas...

RÉGULUS. Il est trop tard !... la besogne est à moitié faite... et je vous servirai malgré vous...

PAUL, *en dehors.* Mon père !... mon père !

RÉGULUS. On vient !... il était temps !... évaporons-nous ! (*Il enjambe la balustrade et disparaît à l'aide de la corde.*)

SCÈNE IV.
DUBREUIL, PAUL.

PAUL, *entrant vivement par la droite.* Mon père !... ah ! je vous retrouve enfin... Si vous saviez...

DUBREUIL. Quoi donc ?... parlez !... Cette émotion...

PAUL. Le mariage projeté entre mademoiselle de Nerval et moi, vous ne me direz plus qu'il soit possible à présent.

DUBREUIL. Comment ! vous êtes fou !... oubliez-vous qu'à cette condition seule, votre tante vous lègue sa fortune...

PAUL. Cette fortune, je n'y ai plus droit...

DUBREUIL. Venez-vous ici pour me braver !

PAUL. Je viens ici pour... ah ! si madame de Beaumesnil, pour tout dire... c'est ce que vous voulez me donner, gardez-le, car il appartient à votre fils ! »

DUBREUIL. Encore une fois, vous êtes fou !

PAUL. La fille de madame de Beaumesnil s'appelle Marguerite.

DUBREUIL, *à part.* Il sait tout ?

PAUL. Il y a un mois, victime d'un accident terrible, elle tombait sous les roues d'une voiture... Dieu sans doute m'avait placé là pour la protéger... je ne l'ai pas quittée ; j'ai veillé sur elle comme un frère... et quand elle a pu parler, quand elle a pu me raconter sa vie, j'ai compris que cette jeune fille, attendrie par madame de Beaumesnil... c'était Marguerite et je viens dire à sa mère : Ne pleurez pas, Dieu, qui veut vous rendre votre fille, l'avait choisi pour la sauver ! Il est ici, je vais vous conduire à la chambre de Mme de Beaumesnil.

DUBREUIL. Arrête, malheureux !... tu ne feras pas cela.

PAUL. Je le ferai.

DUBREUIL. Mais cette révélation, c'est ta ruine!...

PAUL. Que m'importe, si j'ai fait mon devoir? Je ne crains pas la misère; je n'ai peur que des lâchetés.

DUBREUIL. Tais-toi!

PAUL. Non, mon père, je ne me tairai pas.

DUBREUIL, s'approchant de lui, et à voix basse. Mais insensé! moi aussi, je connaissais Marguerite, moi aussi, je savais...

PAUL, avec égarement. Vous le saviez... et vous êtes placé entre la fille et la mère... et vous vous êtes tu, lorsque d'un mot vous pouviez donner une famille à l'orpheline abandonnée! Vous avez fait cela, vous, mon père... oh! c'est impossible... (Cherchant à entraîner Dubreuil.) Venez avec moi... nous serons pauvres, mon père, mais nous porterons haut la tête... Je travaillerai comme tant d'autres avec ma jeunesse et mon courage... Oh! je vous en prie... je vous en supplie... au nom de votre honneur et du mien... faisons notre devoir!... au nom de ma mère morte, rendons Marguerite à madame de Beaumesnil!... après quatorze années de larmes et de désespoir, ne prenons pas à une fille la tendresse de sa mère; ne volons pas à une mère les baisers de son enfant. (Il est tombé en pleurant aux genoux de Dubreuil, et s'attache à lui.)

DUBREUIL, avec agitation, se penchant et saisissant les deux mains de Paul agenouillé. Malheureux! tu parles d'honneur!..... mais c'est pour notre honneur que je veux me taire... Ne comprends-tu donc pas qu'il y a pour moi... de la mort!... Car j'aime mieux — la mort que les galères!...

PAUL, mettant vivement la main sur la bouche de Dubreuil. Oh! mon père...

DUBREUIL. On vient!... relève-toi... remets-toi... et choisis entre cette fille et ton père!...

PAUL. Ah! pauvre Marguerite! pauvre Marguerite!...

SCÈNE V.

LES MÊMES, Mᵐᵉ DE BEAUMESNIL.

Mᵐᵉ DE BEAUMESNIL. Qu'est-ce donc?

DUBREUIL, souriant. Rien!... rien!...

Mᵐᵉ DE BEAUMESNIL. Eh bien, Dubreuil, qu'avez-vous à m'apprendre? Hier, en me quittant, vous m'avez parlé d'un espoir qui vous restait... d'une dernière démarche que vous vouliez faire : avez-vous su quelque chose?... m'apportez-vous des nouvelles?

DUBREUIL. Je n'en ai que de tristes à vous donner...

Mᵐᵉ DE BEAUMESNIL. O ciel!

DUBREUIL. Comme toutes les autres, cette démarche est restée sans résultat...

Mᵐᵉ DE BEAUMESNIL, portant la main à ses yeux. Hélas! pauvre mère... Je me laisse toujours prendre à des illusions que l'instant d'après vient détruire!...

PAUL, à part. La voir souffrir ainsi, quand d'un mot je pourrais..

Mᵐᵉ DE BEAUMESNIL, à Dubreuil. Ainsi donc aucune trace?... aucun indice?...

DUBREUIL. Aucun!...

Mᵐᵉ DE BEAUMESNIL. Tant de recherches... de soins... de prières... tout cela aurait été inutile!... Dieu n'a eu pitié ni de mes vœux, ni de mes larmes... il me faut renoncer à l'espoir de retrouver ma fille! Je ne reverrai jamais mon enfant! (Elle tombe accablée.)

PAUL. Ma tante!... (Dubreuil lui serre la main pour l'arrêter.)

LE DOMESTIQUE, entrant. Une jeune fille insiste pour parler à monsieur Paul. (Mouvement de Paul et de Dubreuil.)

PAUL. A moi?

Mᵐᵉ DE BEAUMESNIL. Une jeune fille!... reçois-la, mon ami... Dumont, faites entrer... (Marguerite paraît, introduite par Dumont.)

DUBREUIL, avec terreur. Marguerite!...

PAUL. Marguerite!...

SCÈNE VI.

LES MÊMES, MARGUERITE, entrant avec MICHEL; il tient à la main le petit paquet que Marguerite portait au premier tableau.

MARGUERITE, n'osant avancer. Mon Dieu!... madame... messieurs...

Mᵐᵉ DE BEAUMESNIL. Approchez, mon enfant... soyez sans crainte... Mais, je ne me trompe pas... c'est bien vous que j'ai vue... chez monsieur Coquerel...

MARGUERITE. Que vois-je!... Vous, madame! vous ici!...

Mᵐᵉ DE BEAUMESNIL. Vous me reconnaissez?

MARGUERITE. Si je vous reconnais!... Ah! depuis le jour où j'ai eu le bonheur de vous voir pour la première fois, j'ai bien souvent pensé à vous...

Mᵐᵉ DE BEAUMESNIL. A moi?...

MARGUERITE. Plus d'une fois, madame, j'ai prononcé votre nom dans mes prières...

Mᵐᵉ DE BEAUMESNIL, émue. Vous avez prié pour moi?... Et d'où vient le touchant intérêt que je vous inspire?...

MARGUERITE. Je ne sais, madame... mais je vous avais vue si triste, si souffrante, que je demandais au ciel de vous rendre à la santé, au bonheur...

Mᵐᵉ DE BEAUMESNIL. Mais, pourquoi donc alors, mon enfant, n'être pas venue, comme cela avait été convenu entre nous?

MARGUERITE, troublée. Pourquoi?... (Voyant Dubreuil, et à part.) Lui!... lui! qui a été témoin... Ah! c'est que je ne pouvais... je ne devais pas...

Mᵐᵉ DE BEAUMESNIL. Vous n'êtes donc plus chez monsieur Coquerel?

MARGUERITE. Non, madame... et je quitte Paris dans une heure.

DUBREUIL, à part, avec joie. Elle part!

Mᵐᵉ DE BEAUMESNIL. Vous quittez Paris?

PAUL. Vous, Marguerite?

MARGUERITE. Accompagnée de Michel, (lui tendant la main) mon seul ami...

MICHEL. Oui, vot' ami, mam'zelle... vot' ami ben triste, ben affligé de vous voir partir... et qui veut du moins vous faire la conduite. Pauvr' fille!... ah! j'espérais autre chose en vous voyant, y a six mois, arriver à Paris... Je croyais que c'était la main du bon Dieu qui vous y amenait.

MARGUERITE. Paris!... oh! je n'aurais jamais dû y venir! le malheur m'y attendait à chaque pas... (Ses yeux se portent sur la fenêtre du fond, restée ouverte.) Paris!.. Et dire que là, dans une de ces maisons peut-être, quelqu'un m'attend, m'espère encore!... (Tout en parlant elle s'est peu à peu approchée de la fenêtre.)

Mᵐᵉ DE BEAUMESNIL. Que veut-elle dire?

DUBREUIL, à part, avec espoir. Elle marche vers le balcon... (On entend la voix de Régulus chantant le refrain de la ronde.) Régulus!

MARGUERITE, s'approchant de plus en plus de la fenêtre. Mais je n'espère plus, moi!... Adieu donc, Paris!... tu n'as jeté sur ma route que des malheurs, de la honte et de la misère... Et tu m'as caché la seule personne que j'aurais tant aimée!... Ah! quand je vais m'éloigner d'elle pour toujours, porte-lui ce baiser que je lui envoie et mon dernier adieu!... (Elle va poser la main sur la balustrade du balcon.)

Mᵐᵉ DE BEAUMESNIL. Mademoiselle! (Marguerite se retourne et se rapproche de Mᵐᵉ de Beaumesnil.)

DUBREUIL, avec rage et à part. Sauvée par elle... par sa mère!...

Mᵐᵉ DE BEAUMESNIL, prenant la main de Marguerite. Mademoiselle, à quoi mon neveu peut-il vous être utile? A quoi puis-je vous servir moi-même?... Enfin qui vous amène?

MARGUERITE. Un devoir à remplir.

MICHEL. Une dette à payer...

TOUS. Une dette!..

MARGUERITE. Oui, madame, M. Paul a été généreux et bon pour moi... il m'a protégée, secourue... et avant mon départ, je lui devais un adieu, un remerciement... je devais lui faire une restitution.

Mᵐᵉ DE BEAUMESNIL. Une restitution?

MARGUERITE. Monsieur Paul, voici l'argent que vous m'avez prêté!... Croyez que là-bas, au village, les vœux et les prières de la pauvre fille vous suivront toujours.

PAUL. Marguerite!... (S'arrêtant sur un regard de son père. — A part.) La laisser partir... lorsque sa mère est là... lorsque d'un mot je pourrais la lui rendre!... Les galères... (Haut, avec émotion, à Marguerite.) Mademoiselle, puissiez-vous trouver un jour ce bonheur que vous méritez si bien!... Moi aussi, j'ai une restitution à vous faire... un dépôt sacré... Tenez, mademoiselle, reprenez cette petite croix d'or. (Marguerite la reçoit des mains de Paul et la presse sur ses lèvres.)

Mᵐᵉ DE BEAUMESNIL. Une croix d'or?

MARGUERITE. Oui, madame, une relique de mon enfance, et ma seule richesse.

Mᵐᵉ DE BEAUMESNIL. Grand Dieu!... Cette date... Mon enfant, qui vous a donné cette croix?

MARGUERITE. Je la portais à mon cou, madame, lorsque le père Denis m'a trouvée, m'a recueillie...

Mᵐᵉ DE BEAUMESNIL. Denis!... du village de Saint-Séverin?

MARGUERITE. Oui, Mᵐᵉ, vous le connaissiez?

Mᵐᵉ DE BEAUMESNIL. Oh! mon cœur ne mentait donc pas!... C'est elle! ma fille! ma fille!

MARGUERITE. Ma mère!... ma... (Elle se jette dans les bras de Mᵐᵉ de Beaumesnil.)

DUBREUIL, à part. Je suis perdu!... Ah! la mort seule... Oui! la mort! (Il s'élance vers le balcon, la balustrade se détache et Dubreuil est précipité. Quelques domestiques accourent au bruit.)

TOUS, jetant un cri d'effroi. Ah!

PAUL. Mon père!

Mᵐᵉ DE BEAUMESNIL. Ah! courons!...

TOUS. Courons! (Tout le monde s'élance par la porte de droite, et la décoration change.)

Huitième Tableau.

Le théâtre représente la rue de Rivoli dans toute sa longueur. Le Louvre, les Tuileries, le Garde-Meuble et les Champs-Élysées. A droite, sur les premiers plans, la grille du Louvre. A gauche la maison de Dubreuil, et plus loin une maison en construction.

DUBREUIL, TRICOCHE, LOUISETTE, FOULE; puis PAUL, Mᵐᵉ DE BEAUMESNIL, MARGUERITE, MICHEL et LES DOMESTIQUES; puis RÉGULUS, et enfin BOUGIVAL. Dubreuil, la tête ensanglantée, est couché à terre. La foule l'entoure; quelques passants s'empressent autour de lui.

PAUL, accourant avec Mᵐᵉ de Beaumesnil, Marguerite et les Domestiques. Mon père!... (Mouvement d'intérêt dans la foule. On s'écarte pour laisser passer Paul et les autres personnes qui s'approchent de Dubreuil.)

MARGUERITE. Il respire encore!

Mᵐᵉ DE BEAUMESNIL. Ah! monsieur!... du secours!...

DUBREUIL, revenant à lui. C'est inutile! Je sens que je vais mourir. (A Paul qui lui soutient la tête, à genoux près de lui.) J'échappe à la honte, au déshonneur... ne maudis pas ma mémoire... pardonne-moi... et puisse le ciel me pardonner aussi!... Ah!... (Il expire. Rumeurs et cris en dehors. Régulus en désordre entre par le fond poursuivi par Michel et des ouvriers.)

RÉGULUS. Laissez-moi! que me voulez-vous?

MICHEL. Tout à l'heure on t'a vu descendre de ce balcon... c'est toi qui as fait le coup.

DUBREUIL. Régulus!...

MICHEL. Eh mais! je connais cette figure-là!... c'est mon brigand de la rue de Richelieu!... Faut l'arrêter!...

TOUS. Oui, oui! arrêtons-le!...

RÉGULUS. Ah! vous ne me tenez pas encore!... (Il va pour se sauver, la garde paraît et l'arrête.) Fumé!...

BOUGIVAL, arrivant par le fond avec une valise, sac de nuit, un carton à chapeau, etc. Oh! nom d'un petit bonhomme!... j'ai manqué la voiture. (La toile baisse.)

FIN.

Paris. — Typ. de Mᵐᵉ Vᵉ Dondey-Dupré, rue Saint-Louis, 46.